Gebrauchsanweisung
für Köln

Reinhold Neven Du Mont

Gebrauchsanweisung für Köln

Piper München Zürich

Mehr über unsere Autoren und Bücher
www.piper.de

ISBN 978-3-492-27532-3
Überarbeitete Neuausgabe 2009

Gesamtherstellung: CPI – Clausen & Bosse, Leck
Printed in Germany

Inhalt

Einleitung
oder Küsste hück nit, küsste morje

Lieber Thomas,

zu meiner Freude höre ich, dass Du vorhast, nach Köln zu ziehen. Ich gratuliere Dir zu Deinem Entschluss! Wie ist es Dir gelungen, Gabi davon zu überzeugen, dass man in Köln angenehmer lebt als in Berlin? Ich kenne einige Leute, die umgezogen sind – aber in die umgekehrte Richtung. Köln kam ihnen vergleichsweise provinziell vor, sie fanden es spannender auf einer Großbaustelle zu leben. Aber die Ersten sind schon reumütig nach Köln zurückgekehrt.

Habt Ihr Euch schon Gedanken gemacht, wo in Köln Ihr wohnen wollt? Du weißt, in Köln ist die Wahl des »Veedels« eine Entscheidung fürs Leben. Für meine »Gebrauchsanweisung« habe ich auch ein Kapitel über die Südstadt geschrieben. Ich schicke es Dir bei Gelegenheit zu. Wäre ja schön, wenn wir Nachbarn würden. Zumal man in der Südstadt noch auf gute Nachbarschaft hält.

Dies ist der erste Brief, den ich an meinem neuen Schreibtisch in meinem neuen Arbeitszimmer in unserer neuen Wohnung schreibe. Ich beginne mich hier wohlzufühlen.

Was die Kölner Handwerker anbelangt, so kann ich Dir einige nützliche Tipps geben, wenn es so weit ist. Sei gewarnt: Sie leisten gute Arbeit, aber sie sind nicht gerade das, was man pünktlich nennt. Der Elektriker, der Schreiner, der Fußbodenleger und der Maler haben mich mit ihrer Unzuverlässigkeit fast wahnsinnig gemacht. Nicht einer hat den verabredeten Zeitplan eingehalten. Sie haben sich an den alten kölschen Spruch gehalten: Küsste hück nit, küsste morje.

Man selbst ist zur vereinbarten Stunde zur Stelle, schreitet noch einmal voller Vorfreude durch die Räume der künftigen Wohnung, wartet, schaut auf die Uhr, niemand erscheint. Dann klingelt das Handy. Es ist der Schreiner. Er habe die Einbauschränke ganz neu gezeichnet. Dadurch hätten wir für Hemden und Pullover zwei Ablagefächer dazugewonnen. Morgen werde er mir die neue Einteilung am Bildschirm zeigen. Doch, doch, morgen komme er ganz bestimmt. Ich werde staunen, meint er gut gelaunt.

Glaube mir, ich habe oft gestaunt in den letzten Monaten und einiges dazugelernt über die kölsche Art. Handwerker und Lieferanten, die Zusagen nicht einhalten, gibt es wahrscheinlich überall. Aber in Köln läuft das anders: Man sagt nicht zu, man verspricht. Und Versprechungen sind mit der Hoffnung verbunden, dass nichts dazwischenkommt. Du wirst sehen: Mit unwiderstehlichem Charme und geradezu mediterraner Beredsamkeit überzeugen sie Dich, dass die kleine, unbedeutende Verzögerung im Grunde nur zu Deinem Vorteil ist. Wenn Du erst gelernt hast, Dich auf diese Logik einzulassen, wirst Du Dich sehr wohlfühlen in Köln.

Es ist ein merkwürdiges Gefühl für mich, morgens in der Stadt aufzuwachen, in der ich zwar geboren bin, an deren Peripherie ich einen Großteil meines Lebens gearbeitet, in der ich aber – von den ersten fünf Kindheitsjahren einmal abgesehen – nie gewohnt habe. Auf einer der ersten Höhen des Bergischen Landes habe ich ein Haus gebaut und dort 35 Jahre gelebt. Mit Rosen- und Gemüsegarten und einem Schwimmteich. Von dieser Idylle aus bin ich jeden Morgen zur Arbeit gefahren, über die Rodenkirchener Brücke zum Verteilerkreis Süd. Dann zweimal um die Ecke saß ich wenige Minuten später in meinem Büro. Es gab Wochen, in denen kam ich nicht ein einziges Mal in die Innenstadt. Und wenn, dann nur, um einen bestimmten Punkt anzusteuern: ein Kino, ein Restaurant, die Wohnung eines Freundes.

Ich kannte mich aus, ich fand mich ohne Stadtplan zurecht. Aber richtig vertraut war die Stadt mir nicht. Der Blick auf Köln von der Peripherie aus bewirkte eine selektive Wahrnehmung: Ich nutzte, was die City zu bieten hatte, zog mich dann aber in die private Sphäre meiner grünen Insel zurück. Dieser Blick auf die Stadt von außen hatte auch Vorteile: Wenn einer der öffentlichen Plätze nach der Neugestaltung noch steriler und unwirtlicher wirkte als vorher, wenn in zentraler Lage eine Einkaufspassage ohne jeden architektonischen Reiz eröffnet wurde, wenn wieder mal ein Repräsentant der Stadt in einen Bestechungsskandal verwickelt war – ich nahm es zur Kenntnis, gewissermaßen aus der Ferne, ärgerte mich aber nur in Maßen. Es hat mich nicht wirklich betroffen.

Erst jetzt beginne ich, wirklich in der Stadt zu leben, erst jetzt werde ich zum richtigen Kölner. Für mich ist dies ein abenteuerlicher Gedanke. Es gibt sicher vieles zu entdecken, was ich bisher einfach übersehen habe.

Wenn Du kommst, lass uns einen Stadtbummel zusammen machen, und ich zeige Dir meine neuesten Entdeckungen, wie zum Beispiel Zint Märjens Repp, riesige Knochen, die in einem Seitenschiff von Maria im Kapitol an Ketten an der Wand hängen und wohl mal einem Grönlandwal gehört haben. Oder ich mache Dich mit dem einzigen heroischen Kölner bekannt, von dessen Existenz ich weiß, dem vernagelten »Kölsche Boor« im Stadtmuseum. Oder wir werfen einen Blick auf die beiden weißen Pferdeköpfe oben auf dem Richmodisturm, und ich erzähle Dir dazu die Geschichte der schönen Richmodis von Aducht, die jeder, der auch nur eine kurze Zeit in Köln zubringt, kennen muss.

Bis dahin schicke ich Dir zur Einstimmung auf Köln nach und nach die weiteren Kapitel meines Buches. Sie sollen Dich neugierig machen auf die Stadt, in der Du vorhast, die nächsten Jahre zu verbringen. Auf bald!

Was ist kölnisch?

fragt sich Heinrich Böll in einem viel zitierten Aufsatz und zählt gleich zu Beginn auf, was einem Nichtkölner einfällt, wenn er auf Köln angesprochen wird: dunkel, fromm, bürgerlich, Dom, Karneval, Rhein, Wein, Mädchen.

Einem Nichtkölner wohlgemerkt, einem »Imi« also, oder einem aus Bonn, Aachen, Düsseldorf oder dem weiteren Umland, einem der allenfalls eine Ahnung hat von dem, was Köln wirklich ist, der aber nicht mitreden kann, wenn's ums eigentlich Kölnische geht, der Halbwahrheiten verbreitet und Vorurteilen aufsitzt.

Was aber sind, wäre im Gegenzug zu fragen, echte Kölner? Woran erkennt man sie? An dem eigentümlichen, gutmütig klingenden Singsang, mit dem sie sprechen? An der Gemütlichkeit des rheinischen Dialekts, seinem anbiedernden Ton, dessen Selbstgefälligkeit aber dazu neigt, andere auszuschließen. Oder an dem Eintrag unter »Geburtsort« im Reisepass? Weisen sie sich dadurch aus, dass sie im Karneval die Uniform der Roten oder Blauen Funken (oder das kurze Röckchen der Funkenmariechen) anziehen, bei

Heimspielen des FC ins RheinEnergieStadion gehen, sich Millowitsch-Stücke im Fernsehen ansehen, ein Dutzend Tünnes-und-Schäl-Witze auf Lager haben und behaupten, Düsseldorfer Alt sei kein Bier sondern ein Beweis für Senilität?

Die Kölner und ihre Art zu denken sind schwer zu fassen. Kaum hat man einen bestimmten Charakterzug als typisch erkannt, schon entdeckt man einen anderen, der das Gegenteil zu beweisen scheint. Die Kölner können mit dieser Widersprüchlichkeit bestens leben, für den Nichtkölner ist sie irritierend und geradezu beängstigend, wenn sie zu häufig auftritt. Unberechenbar schimpft der Nichtkölner die Einheimischen in seiner Not. An dieser Widersprüchlichkeit, diesem Sowohl-als-auch als Lebenshaltung mag es liegen, dass in Bezug auf das Kölnische besonders viele Klischees im Umlauf sind. Wenn das Klischee ein Käfig ist, in dem der schwer zu Fassende domestiziert werden soll, so macht der Kölner es sich gerne in diesem Käfig bequem. Will aber der Fremde sich seiner versichern, so ist der Insasse längst ausgebüxt. Das Türchen war von innen zu öffnen.

Dunkel, fromm, bürgerlich

Köln hat in seiner Geschichte tatsächlich dunkle Zeiten erlebt, aber durchaus nicht immer dann, wenn das für andere Städte nördlich der Alpen galt. Das »dunkle« Mittelalter war für Köln über die Jahrhunderte eine glanzvolle Epoche. Nach dem Willen von kraftvollen Äbten und Bischöfen entstanden in rascher Folge ein Dutzend großartiger Kirchen, eine architektonische Neuschöpfung eine jede und im Ensemble wie ein Musterbuch der romanischen Baukunst. Für viele Kölner sind Maria im Kapitol, St. Pantaleon, St. Aposteln, Groß St. Martin und ihre acht Schwestern identitätsstiftender als der Dom, »der finstere Fremdling«.

Als törichten Aberglauben haben die Reformatoren die Verehrung von Reliquien gegeißelt. In der Tat ist die Verteilung der Gebeine von wichtigen Heiligen und Märtyrern im Mittelalter eine Geschichte von Raub und Schacher. Während sich andere Städte mit den Überresten regionaler Heiliger begnügen mussten, fanden in Köln etwa die Knochen der heiligen Ursula mit ihren 11 000 Jungfrauen und immerhin der halbe heilige Severin – die zweite Hälfte wird in Bordeaux verehrt – ihre letzte Ruhestatt. Die glücklichste Fügung für Köln aber fällt in das Jahr 1164. Erzbischof Rainald von Dassel, der mächtige Kanzler Kaiser Barbarossas, bringt einen unerhört wertvollen Schatz, die Gebeine der Heiligen Drei Könige – Bösmeinende sagen als Beute –, aus Mailand mit ins nunmehr endgültig heilige Köln. Sie finden ihren Platz 1220 in dem berühmten, mit funkelnden Edelsteinen verzierten Schrein aus purem Gold auf dem Hochaltar des Doms. Zu Tausenden strömen die Pilger, Fürsten und Volk in Wallfahrten an den Rhein und bringen unvergleichlichen Reichtum in die Stadt. Köln wächst, blüht und gedeiht, hat im späten Mittelalter 40 000 Einwohner, mehr als Nürnberg (18 000), Frankfurt (9000) und Mainz (6000) zusammen.

Durch den Ausbau der Handelsbeziehungen, vor allem mit England, erwarben Kölner Kaufleute große Vermögen. Auch der Besitz von Münz- und Zollämtern wurde zu einer Quelle des Reichtums. Habgier und Neid waren die Folgen. In den kommenden Jahrhunderten rissen die Machtkämpfe zwischen den Erzbischöfen und den Patriziern, zwischen den Patriziern und den Zünften nicht ab, und in den Gefechtspausen befehdeten sich die Patrizierfamilien untereinander. Die von der Mühlgasse, die Gyr, Hardefust und Kleingedank, die Overstolz, Lyskirchen, die von Plaise waren harte Herren, sie horteten das Geld, aber sie brachten es auch in Umlauf. Man protzte nicht mit seinem Vermögen, aber als schönheitsliebend wollten sie schon gelten, die Herren von Köln; sie bauten ihre hochgiebeligen Wohnpaläste und über 100 Kirchen zählte die Stadt. Von Durchreisenden wurde sie als Krone der deutschen Städte gepriesen.

Dunkle Zeiten brachen für Köln erst später an, als andernorts in Deutschland – so in Brühl, fast noch in Sichtweite der Domtürme – Herrenhäuser und Schlösser, Kirchen und Klöster in barocker Pracht entstanden. Vorbei die Zeiten, als im Kölner Rathaus die deutschen Hansestädte tagten, vorbei die Zeiten der Kölner Malerschule, als deren Höhepunkt Stephan Lochner das große Altarbild schuf (um 1445), das heute als einer seiner wahren Schätze im Dom zu bewundern ist. (Die Lochner-Kapelle, in der das Bild zunächst seinen Platz fand und in der die Ratsmitglieder geistige Einkehr vor ihren Sitzungen zu halten pflegten, wurde auf dem Platz gegenüber dem Rathaus erbaut, auf dem man kurz zuvor, also 1426, nach der Judenvertreibung die Synagoge abgerissen hatte.)

Für den Niedergang Kölns haben die Historiker viele Gründe angeführt. Die verzunftete Bürgerschaft hielt engstirnig an den überkommenen Ideen und Gesetzen wie am römischen Glauben fest. Für Protestanten und damit für tüchtige und innovative Zuwanderer blieben die mittelalterlichen Stadttore verschlossen. Im Schutz seiner jahrhundertealten Mauern hat Köln im Dreißigjährigen Krieg weniger gelitten als die meisten anderen Städte, aber mit den engen städtischen blieben auch die engen geistigen Strukturen erhalten. »Mit dem Reich sank auch die Stadt in Dunkelheit … Wäre Köln Residenz gewesen, so hätten ihm vielleicht Gegenreformen und Absolutismus ihre Art der Kultur aufgezwungen; so erstarrte und zerbröckelte es mit den Zünften und der Kirche, die keine andere Aufgabe kannten, als sich selbst zu erhalten«, befand Ricarda Huch. – Eine besondere Art von kölnischer Borniertheit, die sich in Überheblichkeit und Selbstgenügsamkeit auch heute noch äußert, mag in dem von ihr beschriebenen Phänomen ihre Wurzeln haben.

Als die Franzosen Ende des 18. Jahrhunderts die Stadt einnahmen, bot sich ihren Truppen ein wenig erfreulicher Anblick: baufällige Häuser, verdreckte Straßen, verkommene Plätze. Es stank so fürchterlich in den alten Gassen, dass die Besatzer in ihren schmucken Uniformen sich vor ihre empfindsamen französischen Nasen mit wohlriechenden Essenzen getränkte Tüchlein hielten, die sie in bösem Spott »Eau de Cologne« nannten. Sie fanden 140 weitgehend erhaltene Kirchen vor, aber die Getreidespeicher waren baufällig, und es fehlte an genügendem Platz, um ihre Pferde unterzustellen. So wurden kurzerhand Klosteranlagen samt Kreuzgängen, Pfarr- und Stiftskirchen und Konvente säkularisiert. Heilige Stätten wurden zu Lagerhallen umfunktioniert, St. Pantaleon, die hehre Basilika, war zeitweilig Pferdestall.

Die Reaktion auf diesen ungeheuren Frevel war typisch für die Kölner. Die Empörung über die Entweihung heiliger Stätten hielt sich in Grenzen. Die Säkularisation, das erkannten die schlauen Kölner bald, hatte durchaus ihr Gutes. Als der Staat sich entschloss, das ehemals kirchliche Eigentum an Privatleute weiterzuveräußern, griffen sie beherzt zu. Bankiers wie die Herstatts, Unternehmer wie die Farinas, aber in der Mehrzahl biedere mittelständische Bürger wollten sich das günstige Geschäft mit den geistlichen Immobilien nicht entgehen lassen und wurden stolze Besitzer von Gebäuden, an deren Eingangstüren sie vor Kurzem noch demütig das Kreuz geschlagen hatten.

Das Eintreffen der Franzosen 1794 hatte für die Kölner das Ende ihrer reichsstädtischen Freiheit bedeutet. Auf diesen Verlust reagierten sie auf ihre Art: Sie feierten. Man tanzte um einen »Freiheitsbaum«, den man gekrönt von einer Jakobinermütze, auf dem Neumarkt errichtet hatte. Ob geschunkelt und gebützt wurde, ist nicht überliefert, aber man rief: »Es lebe die Freiheit! Es lebe die Republik!« und klatschte dazu begeistert in die Hände.

Zehn Jahre später ist die Stadt wieder in Feierlaune. Jubelnd ertönt zehntausendfach der leicht veränderte Ruf »Es lebe der Kaiser!«, als Napoleon mit Frau Josephine unter

Glockengeläut und Kanonendonner durchs Eigelsteintor in die Stadt einzieht. 12 000 Francs hat sich »La ville de Cologne« die anschließenden Festivitäten kosten lassen.

Man sieht, die Kölner, dieses anpassungsfähige Völkchen, kamen gut zurecht mit den Franzosen, die eine bürgerlich liberale Ordnung schufen, die, um sich in dem Gewirr der Gassen nicht zu verirren, kurzerhand alle Häuser der Stadt durchnummerierten und den Kölnerinnen mit ihrem Charme und ihrer Eleganz den Kopf verdrehten. Manch eine Demoiselle oder reifere Matrone sah man am Arm eines galanten Kavaliers nach dem letzten Schrei der Pariser Mode gekleidet durch die morastigen Straßen der Altstadt zu einem Ball im Tanzhaus Gürzenich schreiten.

Dann, mit einem Mal rechtsum kehrt, die Nase nach Osten, in die Richtung, aus der noch nie etwas Angenehmes gekommen war, wo am Ende des Bergischen Landes die evangelischen Barbaren, die Schänder ungezählter Marienstatuen, hausten, wo es kalt und ungemütlich war, weil irgendwo kurz dahinter Sibirien begann. Schluss mit der *fraternité*, Schluss mit dem französisch-kölnischen Miteinander, aus dem eleganten Parapluie wurde wieder ein solider Regenschirm, aus den ondulierten Demoiselles züchtig gekleidete Fräuleins. Die aus Berlin verordnete Pünktlichkeit und restriktive Ordnung kamen ihrem Naturell nicht entgegen, aber auch mit den Preußen haben sich die Kölner arrangiert. »Et hät noch immer jot jejange!« Und tatsächlich ging es ihnen im preußischen Jahrhundert recht gut. Köln profitierte von seiner günstigen Lage innerhalb Europas und fand den Anschluss an den Fortschritt mit Namen Industrialisierung.

Zu den dunkelsten Kapiteln des 20. Jahrhunderts gehörte auch in Köln die Zeit nach der Machtergreifung der Nazis. Man sagt, Adolf Hitler habe sich wegen des toleranten Klimas in der Stadt nicht wohlgefühlt; er habe keinen Sinn gehabt für den kölschen Humor, und die heimliche Anarchie und Aufsässigkeit der Kölner gegenüber der Obrigkeit sei ihm verhasst gewesen. Deswegen habe er sich nur selten sehen lassen und nie länger als unbedingt nötig in Köln aufgehalten.

Das ist leider ein Märchen. Viermal war Hitler bereits in Köln gewesen, als er zu dem berüchtigten Geheimtreffen mit Franz von Papen anreiste, das Anfang Januar 1933 in der Lindenthaler Villa des Bankiers Kurt Freiherr von Schröder stattfand und das oft als »Geburtsstunde des Dritten Reichs« bezeichnet worden ist. Danach sind noch drei weitere Besuche Hitlers am Rhein zu verzeichnen, jeder verbunden mit bombastisch inszenierten Großkundgebungen. Höhepunkt aber war sein Auftritt vom 28. März 1936, den Gauleiter Joseph Grohé als »größtes Ereignis in der Geschichte Kölns« angekündigt hatte. Immerhin. Während der »Westdeutsche Beobachter« bei früherer Gelegenheit verkündet hatte, ganz Köln sei auf den Beinen gewesen, nannte er jetzt den Einzug triumphal, den die Kölner ihrem Führer bereiteten.

Wie überall gab es auch in Köln nach 1933 ein Heer von Dunkelmännern, die lauschten und spionierten, die denunzierten und ihre Mitbürger ans Messer lieferten. »Jede Jeck es anders«, mögen die Kölner gedacht haben, als die SA ihre ersten Aufmärsche auf dem Ring inszenierte. Da die Kölner nicht zum Fanatismus neigen, haben auch sie den der braunen Horden vielleicht unterschätzt. Der »kölsche Gemölsch«, dieses Menschengemisch aus Ubiern, Römern, Franken, Niederländern, Spaniern, zu dem auch so mancher französische Soldat seinen Beitrag hinterlassen haben mag, verspürte ohnehin kein reines Germanenblut in seinen Adern. Wenn die Kölner sich eine im Laufe ihrer Geschichte erworbene Tugend zugutehalten können, dann die Fähigkeit zu Toleranz und Laisser-faire. Im Naziterror wurde diese Haltung zur Falle. Ein paar »Edelweißpiraten« spielten

Widerstand, aber die Mehrheit der Kölner ging nicht auf die Barrikaden – die Proleten der Industrie-Vororte nicht, die Reichen in Lindenthal und Marienburg nicht und der Klerus, der so viel Einfluss hatte in dieser Stadt, schon gar nicht. Man ließ die Nazis gewähren. Auch dann noch, als es zur Tagesordnung gehörte, dass Menschen aus ihren Häusern gezerrt und wie Vieh auf Bahnhöfen zusammengetrieben wurden.

Seit Jahrhunderten hatte es keine Pogrome mehr in Köln gegeben. Die Kölner Juden vertrauten auf die Duldsamkeit ihrer Mitbürger. Beseelt von der Vorstellung, hier könne ihnen nichts geschehen, harrten viele von ihnen verhängnisvoll lange aus. Es sind nur wenige Fälle bekannt, in denen Kölner es riskierten, den Juden in ihrer Stadt zu helfen. Man lebte als Nachbar mit- und nebeneinander her, man wechselte ein paar Worte im Treppenhaus, tauschte Rezepte und Einkaufstipps aus, grüßte sich auf der Straße, erkundigte sich im Café nach dem Befinden des Herrn Gemahls. Damit war dann plötzlich Schluss. Die Mayers, die Lennebergs oder Kaufmanns mussten den gelben Judenstern tragen, und wenn man sie sah, wendete man sich ab und schaute weg. 11 000 Menschen wurden aus Köln abtransportiert und ermordet; nur 50 überlebten die Verfolgung, weil ihre Mitbürger den Mut hatten, sie zu verstecken und zu beschützen.

Eine weitere Eigenart, die der Nichtkölner mit »kölnisch« assoziiert, ist nach Heinrich Bölls Meinung »fromm«. Das Verkehrskreuz des Westens, die Messe- und Medienstadt, Standort unzähliger Banken und der Autofabrik Ford fromm?

Keiner hat sich über die Verhältnisse in Köln heftiger empört als Georg Forster, der sich im Frühjahr 1790 im Rheinland aufhielt. Von dem »netten, reinlichen, wohlhabenden Düsseldorf« aus wirft er einen verächtlichen Blick auf »das finstere, traurige, ... halb entvölkerte« Köln. Die Galle läuft ihm über, wenn er »von der dicken Finsternis spricht, welche hier in Religionssachen herrscht«. Scharen von zerlumpten Bettlern sieht er auf allen Straßen, deren »Unsittlichkeit« so weit gehe, »dass sie den Müßiggang systematisch treiben und ihre Plätze an den Kirchentüren erblich hinterlassen oder zum Heiratsgut ihrer Töchter schlagen«. (Über den gleichen Missstand berichtet übrigens kein geringerer als Victor Hugo in seiner »Rheinreise« von 1838. Stellt sich die Frage: Hat er bei Forster abgeschrieben? Oder aus welcher, hoffentlich zuverlässigen Quelle schöpfen die beiden hochangesehenen Literaten ihre Erkenntnis?)

Die Bettler seien die »Miliz« der »Geistlichen aller Orden, die hier auf allen Wegen wimmeln«. Diese führten den Pöbel »am Seil des schwärzesten Aberglaubens«, damit er dem Magistrat »mit Aufruhr, Mord und Brand« drohe, wenn den Protestanten der Bau auch nur eines Gotteshauses innerhalb der Ringmauern bewilligt würde. Im Gegensatz zum aufgeklärten Mainz erscheine, meint Forster, die »blinde Abgötterei«, die man mit Reliquien treibe, nirgends »in einer schauderhafteren Gestalt als in Köln«. Der peinigende Anblick der Überreste der heiligen Ursula und ihrer 11 000 Jungfrauen, von diesem auf einem Schlachtfeld »zusammengerafften Gemisch von Menschen- und Pferdeknochen sei scheußlich und empörend« und dieses für ein Heiligtum auszugeben, sei selbst für die »echten Religionsverehrer unter den Katholiken« ein Ärgernis.

Wer mit solchen Erwartungen anreist, wird in der Tat enttäuscht werden. Auch heute sind Sauberkeit und Ordnungsliebe nicht die hervorstechendsten Eigenschaften dieser Stadt. Und die Frömmigkeit? In Köln reichen ihre Wurzeln immer bis in die Tiefenschichten des Heidentums. Sie bezieht ihre Kraft, wie vieles andere in Köln, nicht von oben, sondern im Gegenteil von unten, aus der Vulgarität.

Wäre ich Georg Forster damals begegnet, ich weiß nicht, wie heftig ich ihm widersprochen hätte. Aber eines hätte ich mir nicht nehmen lassen: Ich hätte ihm das bereits erwähnte Altarbild Stephan Lochners mit der Darstellung der heiligen Ursula und ihrem Gefolge auf dem linken Flügel gezeigt. Es ist für mich der Inbegriff einer fraglosen, innigen Frömmigkeit, deren liebliche Klarheit die Frage nach den Pferdeknochen völlig überflüssig macht.

Heinrich Heine, geborener Düsseldorfer, ein Nichtkölner der schlimmsten Sorte also, hat sich nicht weniger unfreundlich über Köln geäußert. In seinem großen Erzählgedicht »Deutschland. Ein Wintermärchen« (1843/1844) macht er auf dem Weg von Paris nach Hamburg in Cöllen Station. Die Ankunft verläuft offensichtlich zu seiner Zufriedenheit. Mit Appetit isst er »Dort Eierkuchen mit Schinken / Und da er sehr gesalzen war / Musst ich auch Rheinwein trinken«. Zu einem Verdauungsspaziergang treibt's ihn »hinaus in die dämmernde Nacht / In die widerhallenden Gassen«. Angesichts der alten Gemäuer fallen ihm die Verse ein: »Der Cancan des Mittelalters ward hier / Getanzt von Nonnen und Mönchen.« Da spricht der kritische Geist, dem wohl der goldene Wein ein wenig »in die Nase« gestiegen war. Aber es kommt schlimmer: »Dummheit und Bosheit buhlten hier / Gleich Hunden auf freier Gasse.« Nur ein paar Schritte noch, und Heine steht im Mondschein vorm Dom. In einem furiosen, besonders wenig frommen Ausbruch beschimpft er den »verteufelt schwarzen Gesellen« als einen »Riesenkerker«, in dem die deutsche Vernunft verschmachtet, als eine Zwingburg geistiger Unfreiheit, als eine Bastille der klerikalen Tyrannei. Niemals werde er vollendet, als Stall für Pferde solle man ihn verwenden, »Die heiligen drei Könige aus Morgenland / Sie können woanders logieren«.

Heine hätte sich in seinem Furor ein Beispiel an Victor Hugo nehmen sollen, der nur wenige Jahre vorher in Köln war und von dem die schönste mir bekannte Beschreibung des noch unfertigen Doms stammt. Voller Bewunderung steht er vor dem Schrein der »drei poetischen Könige«. »Ich gestehe, dass nichts mich so sehr rührt, als diese Legende, aus Tausend und einer Nacht in das Evangelium verflochten.«

Das Geständnis von Hugo und die Fehleinschätzung von Heine. Gut, dass Letzterer die Fertigstellung der ihm verhassten Kathedrale nicht erlebt hat. Hätte er sich länger in Köln aufgehalten, so wäre ihm vielleicht eine Ungereimtheit aufgefallen, die der Stadt und ihren Einwohnern eigen ist. Hier gibt es eine besondere, eine kölnische Frömmigkeit; sie ist mehr als andernorts auf unrömische, unpapistische Art katholisch. Für Außenstehende ein unverständlicher Widerspruch, aber für die Kölner eine ganz natürliche, die »echte« Form, fromm zu sein.

Das hat historische Gründe. Jahrhundertelang herrschte Streit zwischen den Kölner Bürgern und ihren Bischöfen, den höchsten Vertretern der Amtskirche. Der Oberhirte Anno etwa musste sich vor der Wut seiner Schäfchen im Dom in Sicherheit bringen und floh von dort aus der Stadt. Vier Tage später stand er mit einem Heer vor ihren Toren, um die erlittene Schmach grausam zu rächen.

Nicht besser erging es den Kölnern mit Konrad von Hochstaden, einem stolzen, machthungrigen Mann, der die Stadt seinem Willen unterwerfen wollte. Selbst ein Albertus Magnus konnte als Vermittler auf Dauer den langwährenden Streit nicht schlichten. Es kam zu Kämpfen mit den Patriziern, zu Gewalt und Blutvergießen, bis endlich 1288 der Erzbischof in der Schlacht von Worringen die entscheidende Niederlage erlitt.

Von da an war es Konrad und seinen Nachfolgern für Jahrhunderte verwehrt – was für eine Vorstellung! – in der Stadt zu wohnen, deren Erzbischöfe sie de jure waren. Köln genoss die Vorzüge einer obrigkeitsfreien Reichsstadt. Auf die in Rom erwirkten Bannflüche reagierten die Kölner mit weiterer Aufsässigkeit, auf Hirtenbriefe und offizielle Verlautbarungen der Amtskirche bis in die jüngste Vergangenheit mit Skepsis. Egal wie viel oder wie wenig Prozent der Katholiken ihre kirchlichen Pflichten erfüllten, ein Gutteil der Kölner ist auf seine Art fromm.

Ein gutes Beispiel dafür ist Heinrich Böll. In einem Essay, der den bezeichnenden Titel »Weihrauchduft und Rebellion« trägt, schreibt Hans Mayer über ihn: Er »war ein frommer Mann und einer, der sich über den Bischof ärgerte und der den Bischof ärgerte. Da soll sich ein Nichtkölner auskennen…« Böll hat es geliebt, das fromme Köln, »das nichts mit dem heiligen zu tun hat; das heilige Köln bezog ja seinen Ruf aus der Anzahl der Kirchen und Klöster, wie das verrufene Köln seinen Ruf aus der Anzahl der Dirnen bezog«.

Fromm ist ein Wort, das im heutigen Sprachgebrauch kaum noch vorkommt. Es gibt statistische Erhebungen, die Auskunft darüber geben, wie viel Prozent der Bevölkerung arbeitslos, schwul, vorbestraft oder Briefmarkensammler sind. Aber fromm? Ein aus Desinteresse wohlgehütetes Geheimnis. In Fernsehshows bekennen sich Normalbürger zu den abartigsten Neigungen. Aber wer würde in einem Bewerbungsschreiben bei der Aufzählung seiner Fähigkeiten und Vorzüge betonen wollen, dass er fromm ist. Wer fromm ist, schweigt. Er ist fromm in der Stille, die in einer modernen Stadt kaum noch zu finden ist.

Bürgerlich. Da denkt man in Köln ans Essen. An die gutbürgerliche Küche. Sie ist deftig, wohlschmeckend, kalorienreich mit ihren braunen Saucen, den fettglänzenden Reibekuchen oder den aus Belgien eingeschleppten goldgelben Pommes. Wer auf seine Taille achtet, sollte nicht zu oft beim »Bieresel«, bei »Früh am Dom«, beim »Paeffgen« oder all den anderen gediegenen Gasthäusern einkehren. – Bürgerlich: das lässt denken an herzhaft große Portionen mit Liebe gekocht. Herzhaft auch die Bedienung, wenn auch von der eher rauen Art. »Was darf's denn sein, junger Mann?« Dreißig Sekunden bleiben dann dem so Titulierten, um seine Wünsche vorzubringen. Es ist auch im Grunde egal, was man bestellt, lecker und nahrhaft ist das alles, ganz wie bei Muttern. Gutbürgerlich, das bedeutet wohlhabend, also reichlich zu essen und zu trinken, auch während der Woche mal Fleisch, das können wir uns leisten. Die Kölner wollen wissen, was sie auf dem Teller haben. »Himmel un Äd« (Blutwurst mit Kartoffelbrei und Apfelmus), Flönz (eine Blutwurst) und zum ersten Kölsch nach Dienstschluss 'ne halve Hahn (Roggenbrötchen mit Butter und Gouda). Nicht das sündhaft teure Zeug, das man in den feinen Restaurants vorgesetzt bekommt. Das ist was für Messebesucher und andere Spesenritter. Da geht man lieber zur Abwechslung zum Italiener, Griechen oder Chinesen.

Der Begriff »bürgerlich« hat durch seine Demokratisierung an Prägnanz verloren. Heute ist selbst der Hauptbahnhof bürgerlich und das Bordell »Pascha« vermutlich auch. Aber das Bürgerliche hat einen Schatten, der sich mit penetranter Hartnäckigkeit an seine Fersen heftet: das Spießbürgerliche. Sein Kennzeichen ist weniger der Gartenzwerg, als vielmehr Engstirnigkeit mit all ihren Folgen wie Unduldsamkeit, Starrsinn und Rechthaberei. In einer Gesellschaft, in der es keine Boheme und keine Proletarier mehr gibt, und in der selbst die Künstler und die Fabrikarbeiter bürgerlich geworden sind, kommt dem Spießbürger eine Sonderrolle zu. Er ist die Persiflage des Allgemeingültigen. Wenn sich ein Fortschritt zeigt, formiert er sich mit Gleichgesinnten sofort zur Nachhut.

Irmgard Keun hat in ihrem ersten Roman »Gilgi – eine von uns«, der um 1930 in Köln spielt, in wenigen Worten eine Wohnung beschrieben, wie es im noch unzerstörten Köln wahrscheinlich Tausende gab: »Eine Viertelstunde später sitzt Gilgi im (elterlichen) Wohnzimmer. Urweltmöblierung. Imposantes Büfett, hergestellt um 1900. Tischdecke mit Spachtelstickerei und Kreuzstichblümchen. Grünbleicher Lampenschirm mit Fransen aus Glasperlen. Grünes Plüschsofa. Darüber ein tuchenes Rechteck: Trautes Heim – Glück allein. Epileptisch verkrampfte Stickbuchstaben, um die sich veitstänzerische Kornblumen ranken. Können auch Winden sein...« – da ist auf ein paar Quadratmetern der ganze »grünbleiche« Muff, der verkrampfte Alleinanspruch auf Glück und in der Folge ein dumpfes Nationalgefühl versammelt. Kein Wunder, dass Gilgi aus dieser spießigen Enge ausbricht.

Die Geschichte des Bürgertums wurde nicht in Kreuzstichmustern geschrieben. In Gaffeln organisiert kämpften die Kölner Bürger über Jahrhunderte für Rechte und Privilegien, machten in Versammlungen ihre Politik, schreckten vor Aufständen nicht zurück, wie die Weinhändler und die Weber im 14. Jahrhundert, stellten voller Bürgerstolz neben ihr Rathaus einen stattlichen Turm und trieben selbstbewusst Handel mit den Städten der Hanse. Vor keiner Obrigkeit mussten sie den Rücken krummmachen.

Bis zu dem Tag, an dem die Franzosen kamen. Die Jakobiner brachten ein für die Rheinländer neues Verständnis von Freiheit mit und diese *liberté*, die manches Mal auf dem Schafott endete, trat als Dreieinigkeit mit ihren Schwestern *fraternité* und *egalitée* auf. Alle wurden nun in brüderlicher Gleichheit zu *citoyens* – der Patrizier wie der Handelsherr, die Herren Professoren wie die Prälaten, die Alteingesessenen wie die Zugereisten, die Bettler und die Huren. Gleiches Recht für alle! Weg mit den Sonderstellungen und Pfründen!

Die große Gleichmacherei hat bekanntlich nicht lange gehalten. Napoleon setzte sich die Krone aufs Haupt und war kein Bürger unter Bürgern mehr, sondern Kaiser. Als er 1811 zum zweiten Mal in Köln weilte, verließ er eines Abends ohne Begleitung durch einen Hinterausgang den Garten seines Palais und stand nach ein paar Schritten unversehens in den Gassen hinter dem Alten Graben, einem Elendsquartier, das seine Gastgeber notdürftig mit eilends herbeigeschafften Bäumen und Sträuchern zu verdecken versucht hatten. Dem Kaiser bot sich ein trauriges Bild: zerlumpte alte Menschen und halb verhungerte Kinder wohin er auch sah. Er griff daraufhin in seine Taschen und verteilte alles Geld, das er darin fand, an die Armen. Wie viele *francs* und *centimes* Napoleon gerade bei sich trug, ist nicht überliefert.

Die Bronx von Köln lag gleich hinter der Gereonstraße. Als bitteren Hohn hätten es diese Ärmsten der Armen empfunden, hätte ihnen ein aufgeklärter Kopf wohlmeinend etwas erzählt von bürgerlichen Rechten und Freiheiten. Im bürgerlichen Weltbild sind Hungerödeme und Frostbeulen, Krätze und Läuse nicht vorgesehen. Sein Credo heißt Tüchtigkeit und wirtschaftlicher Erfolg. Je mehr, desto besser. Und wenn er auch aus »kleinen« Verhältnissen kommt, ein rechter Bürger strebt nach oben.

Mitte Januar 1814 ging für Köln die napoleonische Ära zu Ende. Friedlich und feierlich, so wird berichtet, zogen die Franzosen durch das Hahnentor gen Westen. Einer der Letzten, die die Stadt verließen, soll seiner Liebsten zugerufen haben: »Adieu, jusqu' à la belle saison!« – Noch am selben Tag empfingen die Kölner mit Jubel einen einfachen Kosaken-Unteroffizier, der im Freihafen ans Ufer stieg. Er gehörte einer Vorhut des preußischen Heeres unter General Blücher an und wurde von einer begeisterten Menschenmenge zum Rathaus geleitet.

Innerhalb weniger Stunden wurden so aus den *Citoyen de la Ville de Cologne* unter Glockengeläut preußische Staatsbürger, Untertanen seiner Majestät Friedrich Wilhelms III. Eine neue Epoche begann, die in die Geschichte als die bürgerliche eingehen sollte.

Die Kölner haben ihre Fähnchen opportunistisch in den Wind gehängt, könnte man hier anmerken. Und ob er aus Westen oder aus Osten blies, sie haben versucht, für sich das Beste daraus zu machen. Zu Bosheiten mag es im Wechsel der Zeiten gekommen sein, aber Dummheit – wie Heinrich Heine meint – kann man den Kölnern nicht nachsagen. Sie haben sich den Gegebenheiten angepasst – was blieb ihnen auch anderes übrig! Paris war nicht ihre Hauptstadt, und Berlin ist es bis zum heutigen Tage nicht geworden. Wenn eine Zuordnung denn sein muss, so bezeichnen sich die Kölner als Rheinländer und zwar mit Vorliebe, gerade weil dieser Begriff so vage und ausdeutbar ist. Und weil niemand genau sagen könnte, wo genau das Rheinland beginnt und wo es endet.

Meine Großmutter väterlicherseits war so eine rheinische Kölnerin. Sie konnte Kölsch, aber sie sprach es nicht. Sie beherrschte eine Fremdsprache, und das war natürlich Französisch. Jedes Frühjahr in der *belle saison*, wenn die Kastanien blühten, fuhr sie mit einer Freundin nach Paris, der neuen Hutmode wegen. In der Sommerfrische fuhr man *en famille* in eines der großen Hotels an der holländischen Küste. Nach Berlin, in die Hauptstadt, begleitete sie ihren Mann nur ein einziges Mal – und fand es kalt und abweisend.

In der Revolution und Gegenrevolution von 1848/1849 glänzte im schwarzen Köln ein leuchtend roter Fleck. Karl

Marx kam aus dem Pariser Exil nach Köln zurück und gab dort und nirgends sonst als Chefredakteur die »Neue Rheinische Zeitung« heraus. Friedrich Engels war sein Mitarbeiter. Der Verlagsort hatte sich nicht zufällig ergeben. Köln war im Reich der Hohenzollern vielleicht die am wenigsten preußische Stadt. Später, nach dem Verbot der Zeitung und dem Scheitern der Revolution, macht man Marx und seinen Mitarbeitern den »Kölner Kommunistenprozess« (1852). Nicolaus Cusanus hat die Kölner Widersprüchlichkeiten als typisches Merkmal auf die Formel der *coincidentia oppositorum*, also der Gleichzeitigkeit der Gegensätze, gebracht. Ein Beispiel dafür sind zwei Ereignisse vom Mai 1849: Karl Marx hielt im Gürzenich eine bedeutsame Rede, die den Beginn der sozialistischen Arbeiterbewegung markiert. Zur selben Zeit und im selben Köln gründete Adolf Kolping in der Kolumbaschule das christliche Gegenstück, den »Katholischen Verein der Handwerksgesellen«.

Im Zuge der Industrialisierung definierte sich der Begriff »bürgerlich« neu. Unternehmer kamen als Fabrikbesitzer zu Ansehen, wurden mächtig und reich. In ihren Werkhallen, an ihren Fließ- und Förderbändern, an ihren Hochöfen und Großmühlen beschäftigten diese Großbürger Männer, die einer sozialen Schicht angehörten, die es in dieser Form bislang nicht gegeben hatte: Es waren Arbeiter, für die im bürgerlichen Gesellschaftsgefüge zunächst kein Platz vorgesehen war. Sie verkauften ihre Arbeitskraft gegen geringen Lohn, für ihre fundamentalsten Rechte mussten sie kämpfen. Bedrohlich wurde im Verlauf der sozialen Umschichtung auch die Situation der kleinen Händler und Handwerker. Sie waren die schwächsten im bürgerlichen Spektrum und wehrten sich nach Kräften an der Armutsgrenze gegen die drohende Verelendung. Das Schreckenswort »Lumpenproletariat« kam auf. In den Städten des Ruhrgebietes, wie auch in Köln.

Die großbürgerlichen Familien machten ihren Einfluss in der Stadt geltend. Sie fühlten sich als die Nachfahren der alten Patriziergeschlechter, hatten Stimme und Sitz im Rat, waren verschwistert und verschwägert und als gute Kaufleute auf ihren wirtschaftlichen Vorteil bedacht. Ihr Unternehmergeist machte an den Grenzen der Stadt nicht halt, die Anbindung an das Eisenbahnnetz brachte große Vorteile, die Kölner Fabriken lieferten ihre Ware in alle Teile Europas. Die Gründerzeit begann.

Der neue Wohlstand breiter bürgerlicher Schichten erzeugte ein Bedürfnis nach Luxusgütern der besonderen Art: nach Bildung und Kultur.

In rascher Folge wurden nicht weniger als zehn Gymnasien gegründet, allen voran das Friedrich-Wilhelm-Gymnasium (1825) als erste nichtkirchliche, also bürgerliche Gelehrtenschule ganz im Geiste Wilhelm von Humboldts. Auch die Vororte nahmen an dem Boom teil, Ehrenfeld bekam sein Schiller-Gymnasium (1897), und zwei dieser höheren Bürgerschulen entstanden sogar auf der gegenüberliegenden Rheinseite, der sogenannten Schäl Sick: das Herder-Gymnasium in Mülheim (1830) und das Gymnasium Schaurtestraße in Deutz (1908). Die linksrheinischen Mädchen konnten im Hildegard-von-Bingen-Gymnasium (1888) Abitur machen, die rechtsrheinischen höheren Töchter im von wohlhabenden Mülheimer Familien gegründeten Gymnasium Genovevastraße (1876).

Was aber kam danach? Die Söhne, denn um die ging es, musste man zum Studium ins benachbarte Bonn schicken oder, wenn sie naturwissenschaftliche Neigungen zeigten, auf das Polytechnikum in Aachen. Im 19. Jahrhundert gab es in Köln keine Universität. – Die Kölner Uni war 1388 als erste im damaligen Reich von der Bürgerschaft ins Leben gerufen worden und hatte bereits im ersten Jahr mit über 700 Studenten regen Zulauf. 410 Jahre hat sie bestanden, bis die von der stolzen Tradition wenig beeindruckten Franzosen der Universität in der besetzten Stadt ein schmähliches Ende bereiteten. Köln musste sich fortan mit einer *école centrale* begnügen. Die preußischen Landesherren beschenkten die neu hinzugewonnenen Westprovinzen mit einer Universität, entschieden sich aber als Standort für Bonn. Köln hatte das Nachsehen; wahrscheinlich war es ihnen zu »schwarz«. Zur Neugründung sollte es erst nach dem Ersten Weltkrieg kommen. Sie ist Konrad Adenauer zu verdanken. Er unterzeichnete im Mai 1919 mit der preußischen Staatsregierung einen Vertrag über die Einrichtung einer neuen städtischen Universität. Sie führt das Siegel ihrer ehrwürdigen Vorgängerin im Wappen.

Der Besitz, das neue Geld, wurde in Köln nicht protzig zur Schau gestellt. Beim gesellschaftlichen Auftritt hielt man es gern mit dem Understatement der Engländer. Dem Stadtpalais, soweit vorhanden, ließ man die schlichte Backsteinfassade. Wurden Villen neu gebaut, wie in Lindenthal oder Marienburg, so verstand es sich von selbst, dass eine Bibliothek und zur Erbauung der Damen ein Musikzimmer eingeplant wurden. Nicht nur die Spätlese und eine dicke Zigarre nach dem üppigen Diner, sondern auch der Sinn für das Musische, das Interesse an Kultur gehörten zum Stil der feinen Gesellschaft.

Man ging in das florierende Stadttheater, traf sich bei Opernpremieren, beklatschte den Heldentenor Emil Goetze und stritt sich heftig über die Aufführungen von Richard Wagners »Ring des Nibelungen«. Manch einer bevorzugte die leichte Muse, die Schwänke und Operetten, wie sie im Residenztheater geboten wurden, oder man vergnügte sich bei den leicht frivolen Darbietungen des Variétés.

Und man sammelte. – Dies war allerdings keine neue Leidenschaft. Seit Jahrhunderten hatten sich die Adligen in ihren Schlössern und feudalen Stadtpalästen Sammlungen von erlesenen Dingen angelegt, Gemälde die einen, feines Porzellan die anderen, jeder nach seinem Geschmack. Die Könige gaben auch hier den guten Ton an, kleine Landbarone eiferten ihnen im Rahmen ihrer Möglichkeiten nach. Die Lust zu sammeln entspringt dem Überfluss, den man selbst connaisseurhaft genießen und für andere dezent zur Schau stellen will. Dezent, weil man sich für kostbare Antiquitäten, für wahre Kunstwerke interessiert, mit deren Erwerb man guten Geschmack beweist. Schließlich stopft man sich ja das Haus nicht voll mit beliebig zusammengetragenen Gebrauchsgegenständen. Man sammelt mit Kennerschaft Unnötiges, darin besteht die Kunst. So auch im Köln der Gründerzeit. Hier gab es nicht die Fürstlichen Sammlungen wie in den Residenzstädten, hier war Kunst- und Gemeinsinn der Bürger gefragt. Bald sprengte die Zahl der bei Händlern in ganz Europa erworbenen Gemälde die Möglichkeiten der großbürgerlichen Häuser, auch wenn man sie nach Petersburger Art übereinander bis unter die Decke hängte. Ein neuer Gedanke kam auf: Warum sollte man nicht die Sammlung alter Meister wie die Werke der zeitgenössischen Kunst öffentlich zugänglich machen? Vorbildlich war das in einer Stadt, die auf die Initiative und den Großmut ihrer Bürger angewiesen war.

Vorläufer und Vorbild war jener Baron von Hüpsch, ein überzeugter Lokalpatriot, der 1795 angeboten hatte, Köln seine Sammlungen zu stiften. Die Stadt zeigte sich erfreut, überhörte aber mit der typisch kölnischen Bereitschaft, Unangenehmes nicht wahrzunehmen, die Forderung des Barons, für seine Kunstschätze ein größeres Haus zur Verfügung zu stellen. Man debattierte und dabei blieb es. Die Sammlung von Hüpsch ging nach Darmstadt.

Die Säkularisation beflügelte ungewollt die Sammlerleidenschaft. Handschriften, Bücher und vor allem alte

Gemälde aus aufgelösten Kirchen und Klöstern wurden in unvorstellbarer Vielzahl von Händlern und Trödlern wohlfeil angeboten. Der Drang, zu retten und zu bewahren, ging bei den Sammlern einher mit einer Schnäppchenjäger- und Schatzsuchermentalität.

Vielleicht der bedeutendste war Ferdinand Johann Wallraf (1748 bis 1824), der seiner Vaterstadt eine Sammlung von unschätzbarem Wert hinterließ. Aber es war wieder das gleiche Dilemma: in Köln fand sich kein angemessen repräsentatives Ausstellungsgebäude. Erst 1861 entstand ein solcher Museumsbau, errichtet nicht aus den Mitteln der Stadt, sondern gestiftet von dem wohlhabenden Kaufmann Johann Richartz. Wallraf-Richartz – gelegentlich werfe ich beiden im Vorübergehen einen dankbaren Blick zu, auf ihren Sockeln am Rande des Platzes, auf dem das Museum einst stand.

Mit der Kolonialisierung und dem weltweiten Handel taten sich für die Sammler ganz neue Gebiete auf. Man begann sich für fremde Kulturen zu interessieren, war Sammler und Forscher zugleich und verfrachtete Kunst, Fetische und Folklore aus Mexiko, Afrika, Indonesien, China und der Südsee an den Rhein. Köln bekam sein Völkerkunde-Museum 1906 durch Stiftungen der Familien Rautenstrauch und Joest, die nicht nur ihre Sammlungen einbrachten, sondern die – aus den Erfahrungen anderer klug geworden – das palastartige Museumsgebäude am Ubierring gleich selbst finanzierten.

In Köln findet man eine Qualität, die den essenziellen Kern des Miteinander in dieser Stadt betrifft: ein soziales Bewusstsein ihrer Bürger. Ein Appell an das Verantwortungsgefühl des Einzelnen, etwa ein Spendenaufruf für Kinder in Not, erbringt ein Ergebnis in Rekordhöhe. Zehntausende beteiligen sich. Bürgersinn ist in Köln vielleicht stärker ausgeprägt als in anderen Städten. Aus dieser Bereitschaft sich zu engagieren und aus ihrer Toleranz können die Kölner ihr Selbstbewusstsein beziehen.

»Mer schenke der Ahl e paar Blömcher«, singen die kölschen Jecken im Karneval. Das Lied erzählt die wunderbar sentimentale Geschichte der Billa Schmitz. Jeder im Viertel kennt die alte Frau. Sie hat nicht viel, lebt ganz bescheiden. Aber sie hat ein gutes Herz und keiner, der ärmer ist als sie, klopft vergeblich an ihre Tür. Immer hat sie etwas übrig »un sin et nur zehn Pfennig un nit mih, dafür hät se ävver unser Sympathie«. So viel Großmut muss belohnt werden, da sind sich die Jecken jedes Jahr von Neuem einig, mit Blumen, met e paar Blömcher für ihr Fensterbrett. – Bürgersinn im Kleinen.

Ein anderes Beispiel für die Bereitschaft der Kölner, sich um die Belange der anderen im Viertel und in der Stadt zu kümmern, war ein geradezu historisches Ereignis, das am 9. November 1992 auf dem Chlodwigplatz stattfand. Es stand unter dem Motto »Arsch huh, Zäng ussenander – Kölner gegen Rassismus und Neonazis«.

Nach der Wiedervereinigung war es in allen Teilen Deutschlands verstärkt zu Angriffen auf Ausländer und Asylanten und zu neuen Anzeichen von Antisemitismus gekommen. Überall, so auch in Köln, äußerten sich die Wohlmeinenden besorgt über die Ausbrüche von Fremdenhass. Viele Künstler und Schriftsteller waren der Meinung, dass es nicht genüge, Betroffenheit zu zeigen, man müsse etwas unternehmen gegen die »Rattenfänger von rechts«.

Bezeichnenderweise kam die Initiative aus der Kölner Musikszene. Die Idee, am Abend der Reichspogromnacht ein Konzert mit freiem Eintritt für alle Kölner zu veranstalten, wurde in der Rekordzeit von dreieinhalb Wochen realisiert. Es sollte die größte politische Demonstration werden, die Köln je erlebt hat. Die bekanntesten Bands und

Künstler beteiligten sich: unter anderem die Bläck Fööss, die Zeltinger Band, BAP, The Piano Has Been Drinking, Viva La Diva, Brings, De Höhner, die 4 Reeves und die Triviatas, der erste schwule Männerchor Kölns. Wolfgang Niedecken, Sänger der Kultband BAP, schrieb den Titelsong mit dem Refrain:

»Wie wöhr et, wemmer selver jet däät?
Wemmer die Zäng ens ussenander kräät?
Wenn mir dä Arsch nit huhkrieje,
ess et eines Daachs zu spät.«

Hunderttausend kamen und standen vier Stunden lang friedlich und begeistert auf dem Chlodwigplatz und in den angrenzenden Straßen. Die Botschaft von Rolf Lammers, einem der Organisatoren: »Wir müssen endlich aufhören, Angst zu haben. Denn wenn wir unsere Angst verlieren, hört auch das Schweigen auf«, haben die Kölner verstanden.

Postscriptum: Die neofaschistische »Deutsche Liga« hatte eine Gegenveranstaltung mit einer einschlägig bekannten rechten Rockband auf dem Alter Markt angekündigt. Die »machtvolle Demonstration« fand nicht statt. Mangels Masse.

Der Bürgersinn, den ich meine, ist nicht zu verwechseln mit einer anderen typischen kölnischen Umgangsform, dem Klüngel. Er ist immer auf Vorteil bedacht, klüngeln bedeutet Geschäftemacherei mit anderen Mitteln. Bürgersinn hingegen ist uneigennützig, wird in Einzelfällen mit Plaketten, Denkmälern oder Ehrenbürgerschaften belohnt, aber die öffentliche Würdigung der guten Tat ist in Köln nie alleinige Triebkraft gewesen. Im Gegenteil: Wer aus bürgerlichem Gemeinsinn handelt, will sich nicht allein auf die Vernunft, die Initiative und das Urteilsvermögen der gewählten Repräsentanten der Stadt verlassen. Ungeduldig will er seine Ideen verwirklicht sehen, die administrativen Wege sind ihm zu lang, zu umständlich und ihr Ausgang zu sehr von politischen Rücksichten bestimmt.

Bürgerlich – sicher auch im Sinne von Heinrich Böll – bedeutet Zusammengehörigkeitsgefühl. Das muss man natürlich feiern, zum Beispiel schunkelnd im Karneval. Bürgerlich, das ist in Köln aber auch ein tief sitzendes Misstrauen gegenüber Ideologien und politischer Radikalität. Wenn sie sich zeigen, dann ist es aus mit der kölnischen Gemütlichkeit, dann hebt man den Hintern vom Kneipenstuhl und lässt das Kölsch auf dem Tresen stehen, bis wieder klar ist, dass in Kölle für alle Platz ist.

So geschehen im September 2008. »Pro Köln«, eine Organisation Rechtsextremer, plant einen »Anti-Islamisierungs-Kongress«. Prominente Gleichgesinnte aus europäischen Nachbarländern und 1500 Teilnehmer aus allen Teilen Deutschlands werden großspurig angekündigt. Höhepunkt soll eine Großkundgebung auf dem Heumarkt gegen den Bau einer repräsentativen Moschee im Stadtteil Ehrenfeld werden.

Die Veranstaltung wird ein Flop. Während Zehntausende zur Musik der »Arsch huh«-Künstler am Gürzenich und auf dem Roncalliplatz mit Plakaten »Wir stellen uns quer – Kein Rassismus bei uns in Köln« protestieren, schart sich auf dem Heumarkt vor dem Transparent »Stopp Islam« ein Häuflein Rechtsradikaler zusammen. Dreißig Funktionäre und zwanzig Neonazis werden von der Polizei gezählt, die die kümmerliche Veranstaltung kurz darauf untersagt.

Nordrhein-Westfalens Ministerpräsident Jürgen Rüttgers spricht von einem »Erfolg engagierter Zivilcourage« und Kölns Oberbürgermeister Fritz Schramma erklärt, die Stadt habe den »rechtsradikalen Rattenfängern eine klare Abfuhr erteilt«. Über den Aufmarsch gegen »die kölsche Art«, gegen Gastfreundlichkeit und Toleranz wird die Höchststrafe verhängt: »Kein Kölsch für Nazis.« Der »Stadt-Anzeiger« titelt am nächsten Tag: »Köln feiert Rechtsextreme fort.« Die Kölner haben ihre stärkste Waffe eingesetzt, ihre Fähigkeit zu feiern.

Und dann ist da noch die Kultur, die unterbewertete, die stets vom Rotstift bedrohte; die Kultur, in Festreden immer für ein Lippenbekenntnis gut, als Wirtschaftsfaktor neu entdeckt und doch chronisch Stiefkind im städtischen Etat. Was wären die bildenden Künste, die Musik, die Theater und die Literatur in Köln ohne die Unterstützung der Kölner Bürger? In allen Bereichen sind Fördervereine tätig, gemeinnützig und unentbehrlich. Ihre Mitglieder setzen sich ein für den Erhalt der romanischen Kirchen, für die Aufbesserung des Anschaffungsetats der Museen, für das Überleben der privaten Theater, für die Unterstützung des Literaturhauses und viele andere kulturelle Initiativen und Institutionen. Die sogenannte freie Szene wäre längst nicht mehr vorhanden, wäre sie allein auf das Wohlwollen der Ratsmitglieder angewiesen.

Solange der Stadt das Engagement ihrer Bürger erhalten bleibt, wird es attraktiv bleiben, in Köln zu leben.

»Aber der Dom, der steht bei uns!«

Es ist unmöglich, in einem Buch über Köln nicht wenigstens ein Kapitel dem Dom zu widmen. Genauso unmöglich ist es aber, über den Dom etwas Neues oder gar Originelles zu Papier zu bringen.

Der Grundstein der Hohen Domkirche St. Peter und Maria wurde an Maria Himmelfahrt, am 15. August 1248, unter Erzbischof Konrad von Hochstaden gelegt, die Feier zu ihrer Vollendung als preußisches Nationaldenkmal fand am 15. Oktober 1880 statt. Die Abmessungen: Gesamtlänge 145 Meter, Breite des Querschiffs 86 Meter, Höhe der Türme 157 Meter. Mit 7000 Quadratmetern Fläche ist die Westfassade die größte der Welt.

An derselben Stelle standen zwei Vorgängerkirchen: der romanische alte Dom und noch viel früher ein Sakralbau von immerhin mehr als 130 Meter Länge, der kurz nach 313 wahrscheinlich noch unter dem ersten namentlich bekannten Kölner Bischof Maternus vielleicht nach dem Vorbild von Alt-St. Peter in Rom errichtet wurde. Aber von dieser Basilika weiß man noch nicht seit Langem. Erst jüngere

Domgrabungen haben die Existenz dieser ältesten Kirchenanlage bestätigt. Sie ist zu besichtigen, allerdings muss man sich zu einer Führung im Domforum gegenüber dem Hauptportal anmelden.

Der Dom ist allgegenwärtig in Köln. Seine Türme blicken auf den Rhein und seine sechs Brücken, den Hauptbahnhof, die großen Museen, die Einkaufsstraßen und bei klarem Wetter bis hinüber zum Siebengebirge, aus dem seinerzeit die Steine für seinen Bau herbeigeschafft wurden.

Der Dom ist das wahre Zentrum der Stadt. Alle Einfahrtsstraßen, von der Amsterdamer bis zur Bonner, führen auf ihn zu; er ist Wegweiser und Anziehungspunkt für jährlich drei Millionen Besucher. Egal in welchem Viertel man sich befindet, der Dom dient der Orientierung, und wer in Köln eine Wohnung oder Büroräume »mit Domblick« mietet, zahlt einen Zuschlag, der meistens sein Geld wert ist.

Köln hat kein anderes Wahrzeichen als den Dom. »Willkommen in der Dom-Stadt« steht zur Begrüßung selbst auf den elektronisch gesteuerten Hinweistafeln, die den Besucher über die freien Kapazitäten der Parkhäuser im Zentrum informieren. Er ist immer wieder ein beliebtes Motiv für Briefmarken, ziert Bier- und Kölnisch-Wasser-Flaschen und dient in stilisierter Form als Logo zahlreicher größerer und kleinerer Firmen. Den Streit zwischen Kölnern und Düsseldorfern, der sich immer wieder an der Frage entzündet, ob das Kölsch oder das Alt das bessere Bier sei, gewinnen letztlich die Kölner mit dem zwar unlogischen aber unschlagbarem Argument: »Aber der Dom, der steht bei uns!«

Die frühen Dombaumeister haben sich in ihren Entwürfen an der Kathedrale von Amiens orientiert. Ihre vollkommenen Maße sollten sich im Kölner Dom zu größter und höchster Vollendung steigern. Das hat, wie wir wissen, 632 Jahre gedauert. Die Baugeschichte allerdings interessiert die

Kölner nicht. Die Platte, auf die man ihn Ende der Sechzigerjahre gestellt hat, ist hässlich, da ist man sich einig, aber auf den Dom selber lassen die Kölner nichts kommen. Sie lieben ihn, doch sie besuchen ihn nicht. Bei seinem Anblick geht ihnen das Herz auf, aber sie überlassen ihn den Touristenhorden aus aller Welt, und selbst feinsinnige Kölner betreten den Dom allenfalls zur Christmette oder in der Fastenzeit, um die Matthäus-Passion zu hören.

Kölns erste Adresse lautet Domkloster 4. Sie ist der Arbeitsplatz der Angestellten der Dombauhütte, die für die Restaurierung der »ungeheueren, mit Fialen und Türmchen beladenen schwarzen Masse« (so fasste Victor Hugo seinen Eindruck zusammen) zuständig sind. Ihre Aufgabe besteht darin, die vom Zahn der Zeit und vom sauren Regen angefressenen Figuren, Ornamente und Steine zu ersetzen. Arbeitslosigkeit brauchen sie nicht zu befürchten, der Dom ist ein permanenter Pflegefall.

Vor einiger Zeit kam es zu einer Kontroverse mit dem Domkapitel, ausgelöst durch eine Bemerkung des Regierungspräsidenten, der Einfluss der Kirche auf das Geschehen am vor dem Südportal gelegenen Roncalli-Platz sei angesichts der hohen Ausgaben des Staates für die Erhaltung des Doms viel zu groß. Wer regelmäßig zahlt, müsse mehr Entgegenkommen bei Veranstaltungen in Dom-Nähe erwarten können. Das Scharmützel hatte zur Folge, dass der Etat für die »Bauunterhaltung«, wie es im Beamtendeutsch heißt, offengelegt wurde. Er beträgt 6,5 Millionen Euro pro Jahr. Daran beteiligt sich das Land mit 767 000 Euro und die Stadt mit 210 000 Euro, das Erzbistum zahlt knapp 1,5 Millionen Euro und der Zentraldombauverein übernimmt mit 3,3 Millionen Euro den größten Betrag. – Bei Kosten in dieser Höhe stellt sich die Frage, wann man dem italienischen Beispiel folgen und – da der Dom nicht nur ein Gotteshaus, sondern mit seinen Kunstwerken auch ein veritables Museum ist – Eintritt verlangen wird.

Um an ihren Arbeitsplatz zu gelangen, müssen die Steinmetze ein abenteuerliches Vehikel benutzen, das zu besteigen Mut und absolute Schwindelfreiheit erfordert. Es ist die Rede von einem Lastenaufzug älteren Jahrgangs, der außen an der Nordfassade ratternd und ruckelnd langsam bis zum Dachansatz des Langhauses hinauffährt. Ich habe mich einmal in Begleitung des damaligen Dombaumeisters Arnold Wolff auf dieses Wagnis eingelassen, einem amerikanischen Gast zuliebe, dem die Besteigung des Südturms mit seinen 509 Stufen zu mühsam und zu gewöhnlich war. Ich wollte mich nicht blamieren, hielt mich krampfhaft an dem wackeligen Geländer aus Eisenrohr fest und sah mit gesenktem Kopf durch die Ritzen der Fußbodendielen, wie die Menschen auf dem Bahnhofsvorplatz tatsächlich auf die Größe von Ameisen zusammenschrumpften.

Oben angekommen, hält der Aufzug mit einem Rülpser. Jetzt bloß nicht nach unten schauen; der Tiefensog ist schwindelerregend. Stur richte ich meinen Blick auf unseren völlig entspannten Führer, der gerade über eine Brücke aus schwingenden Dielen zur steinernen Plattform hinübergeht. Mit eiserner Entschlossenheit folge ich ihm über den schmalen Steg. Als ich wieder festen Boden unter den Füßen habe, durchströmt mich ein tiefes Glücksgefühl.

In der darauffolgenden Stunde werden wir für die durchstandenen Ängste voll entschädigt. Wir betreten einen der eindruckvollsten Räume, die ich je gesehen habe: den Dachboden des Längsschiffes. Hier fühlt man sich der Welt des alltäglichen Lebens enthoben. Hier herrscht Stille.

Die Führung beginnt in einem Skulpturenpark der besonderen Art. Im vorderen Teil des Dachraumes stehen, wie zu einem stummen Konzil feierlich versammelt, Hunderte von Figuren verschiedenen Alters: 625 Jahre die ältesten, 150 Jahre die jüngsten. Heilige und Propheten, Könige und Engel warten hier geduldig auf ihre Restaurierung. Anklagend erheben die einen ihre schaurig verstümmelten Glieder, während andere ihre Gebrechen unter dem Faltenwurf ihrer vom sauren Regen zerfressenen Gewänder zu verbergen suchen.

Dann werfen wir einen langen Blick durch eine verborgene Öffnung in das Innere der Kathedrale. Der überwältigende Raumeindruck wurde immer wieder geschildert und täglich erfahren ihn Tausende, wenn sie das Bauwerk zu ebener Erde betreten. Der Blick von hier oben in die Vierung, den Hochchor und das Querhaus ist eigentlich für Besucher nicht gedacht, die Anschauung aus der Vogelperspektive widerspricht den normalen Sehgewohnheiten. Und gerade durch die Verzerrung der Proportionen muss sich das Auge neue, ungewohnte Orientierungspunkte suchen. Die Architektur entfaltet sich von hier oben, wie man sie von keiner Ansichtskarte her kennt.

Anschließend umrunden wir das Dach. Der schmale Umgang ist zu meiner Erleichterung durch eine Balustrade gesichert. Jetzt kommt mein amerikanischer Freund auf seine Kosten. Ganz Köln liegt ihm zu Füßen. Geschult durch Wolkenkratzer-Erfahrungen, findet er sich erstaunlich schnell im Weichbild der Stadt zurecht. Befriedigt entdeckt er erst das Vierscheibenhaus des WDR, wo er heute Morgen zu Studioaufnahmen war, dann das Imhoff-Stollwerck-Museum für Geschichte und Gegenwart der Schokolade, in dem er sich nachher vom gotischen Kulturschock erholen will.

Zum Abschied stellt er zwei Fragen. Zum einen will er wissen, ob es im Kölner Dom nie einen Glöckner gegeben habe, vergleichbar dem von Notre-Dame. Wir lachen. Nein, Köln hat große Schriftsteller, aber keinen Victor Hugo hervorgebracht.

Und dann interessiert den Gast aus den USA, ob der Dom »wie durch ein Wunder« im Zweiten Weltkrieg nicht zerstört wurde, während die ganze Altstadt um ihn herum in Schutt und Asche versank. – Ja, es war ein Wunder, ob nun die Stadtpatrone Ursula und Gereon mit schützender Hand die schweren Sprengbomben abgewehrt und nur die etwa zwanzig kleineren Brandbomben, die von den auf den Dächern postierten Arbeitern der Dombauhütte gelöscht werden konnten, übersehen haben oder ob – was wahrscheinlicher ist – die Alliierten wundersamerweise den Entschluss fassten, ausgerechnet den Dom zu verschonen. Jedenfalls wurde nur etwas über 50 Jahre später dieses leicht zu treffende Ziel von der UNESCO zum Weltkulturerbe erklärt.

Die Kriegsschäden am Dom sind längst behoben. Bis auf eine Plombe an der linken Außenseite des Westportals. Dort hat im November 1943 ein Treffer ein Loch in einen Pfeiler des Nordturms gerissen. Eine kleine Kölner Baufirma mit fünf Arbeitern hat damals die Wunde mit einem Stützverband aus roten Ziegelsteinen geschlossen, man hat das Provisorium als Mahnmal gegen Krieg und Zerstörung bis vor nicht langer Zeit belassen.

Aber seit Kurzem ist der »Flecken« verschwunden. Und mit ihm ein Stück Erinnerung an eine Zeit, die vielen Kölnern unvergesslich ist. Sechs nach den Originalentwürfen aus dem 19. Jahrhundert gefertigte Figuren mit Baldachinen, zahlreiche Wasserspeier und anderer Zierrat sowie unpassend helle vorproduzierte Fassadensteine haben die Ziegel ersetzt.

Bald nach dem Ausflug auf das Dach des Doms habe ich mich einer der Führungen zu ebener Erde angeschlossen. Auch alteingesessenen Kölnern kann ich diesen Rundgang wärmstens empfehlen. Er ist ein wahrer Kunstgenuss und ganz nebenbei eine Zeitreise durch die Geschichte Kölns und seiner Kathedrale. Meine Lieblingsstücke sind das von Erzbischof Gero in Auftrag gegebene und nach ihm benannte Kreuz (um 970), die liebliche Mailänder Madonna in der Sakramentskapelle, die schon Victor Hugo entzückte, als er auf seiner Rheinreise 1838 den Dom besichtigte, und die »Briefe und kleineren Schriften des heiligen Hieronymus« (um 1130). Auf dem Titelbild ist der gelehrte Kölner Erzbischof Friedrich I. zwischen Büchern sitzend dargestellt. Ihn könnte man zum Schutzpatron der Verleger, Bibliothekare und Buchhändler ernennen. Oder gibt es einen anderen hohen kirchlichen Würdenträger, der sich für die Vorderseite eines Buches umgeben von Büchern hat porträtieren lassen?

Ein Spötter hat den Dom einmal als »die grauen Dolomiten vom Niederrhein« bezeichnet. Zahlreiche Maler haben sich gleichwohl an diesem Motiv versucht. In früherer Zeit war der Dom, oder das, was von ihm fertiggestellt war, auf Abbildungen deutlich an dem großen Baukran zu erkennen.

Eine der schönsten Stadtansichten hat William Turner gemalt: »Köln: Ankunft eines Postschiffes, Abend«. Er reiste insgesamt elfmal an den Rhein. Weitgehend zu Fuß erkundete er die Strecke von Köln bis Mainz. In seinem Gepäck befanden sich drei in Schweinsleder gebundene Skizzenbücher aus teurem Whatman-Papier und Bleistifte verschiedener Härtegrade. So entstanden oft 20, 30 Skizzen an einem Tag. Das Bild »Köln: Ankunft eines Postschiffes, Abend« hat er später in Öl nach einer solchen Skizze gefertigt. Es wurde 1826 erstmals in der Royal Academy ausgestellt und hängt heute in der Frick Collection in New York.

Unter den Darstellungen aus jüngerer Zeit gefällt mir besonders gut die »Ansicht von Köln vom Messeturm aus« von Oskar Kokoschka (1956). Die Stadt spielt auf dem Bild eher eine untergeordnete Rolle. Dominant ist der Rhein, der als gewaltiger breiter Strom auf den Betrachter zufließt.

Sein Gegenpart ist in Farbenspiel und Ausdehnung der Himmel. In der Bildmitte führen die drei Bogen der Hohenzollernbrücke diagonal auf den eigentlichen Protagonisten des Gemäldes zu, den Dom. Er ist der ins rechte Viertel gerückte Mittelpunkt. Denkt man sich ihn für einen Augenblick aus dem Bild weg, so verliert es sofort seine Spannkraft. Und das lässt sich übertragen: Ohne den Dom hätte Köln seinen markantesten Punkt verloren und eine Reihe beliebiger Hochhäuser, die nicht die Eyecatcher sind, als die ihre Architekten sie sich vorgestellt haben, würden die Stadtansicht prägen.

Seine Türme, die den Dom einmal zum höchsten Gebäude der Welt machten, geben heute noch das zulässige Höchstmaß für Wolkenkratzer ab. So musste der »KölnTurm« im MediaPark, in respektvoller Entfernung vom Dom errichtet, bei 148 Metern sein Wachstum einstellen. Schon der Gedanke an einen Neubau, der den Blick auf den Dom verstellt, ihm gar in Höhe und Masse Konkurrenz machen könnte, ruft ein Stirnrunzeln bei der UNESCO hervor, die unser Kulturerbstück im Falle dieses Falles aus ihren Listen zu streichen droht.

Der Dom, nein Köln ist um eine Attraktion reicher. Das südliche Querhausfenster, dessen helle Verglasung aus der Nachkriegszeit schon seit Langem beim Domkapitel keinen Gefallen mehr fand, leuchtet seit 2007 in den 72 Farben mundgeblasener Glasquadrate, deren Verteilung ein Zufallsgenerator gesteuert hat.

Dass Fenster für die Kölner Kathedrale mit den herkömmlichen gestalterischen Mitteln nicht auf dem »notwendigen künstlerischen Niveau zu lösen« sind (wie es in einem Prospekt heißt), beweisen die biederen Fenster, die die Ehrengarde der Stadt Köln aus Anlass ihres 100-jährigen Jubiläums im Jahre 2002 oder das Ehepaar A. und F. W. Waffenschmidt 2004 anlässlich ihres 55. Hochzeitstages im

Eingangsbereich des Doms gestiftet haben. Das Fenster im Querschiff sprengt alle alten Muster der »Glaskunst.« Der Entwurf stammt von Gerhard Richter, der – das ist in diesem Zusammenhang nicht unwichtig – in Köln lebt und den das Kunstmagazin »art« anlässlich einer Ausstellung seiner abstrakten Gemälde im Museum Ludwig als »den größten deutschen Maler der Gegenwart« feiert. Die Idee für die Gestaltung des Fensters ist nicht ganz neu; sie stammt von seinen Farbfelderbildern der 1960er- und 1970er-Jahre.

Am schönsten ist das Fenster, wenn im gedämpften Licht der Nachmittagssonne die Farbnuancen klar hervortreten und man mit einigem Glück einen Moment abgepasst hat, in dem kein Domführer eine Gruppe von Touristen von der mystischen Komposition des Meisterwerks zu überzeugen sucht.

Der Kölner Kardinal Meissner, der sich gerade erst bei der Eröffnung des Diözesanmuseums einen Eklat geleistet hatte, nannte das neue Richter-Fenster beliebig und fand, dass es besser in eine Moschee passen würde. Der Künstler nahm die erzbischöfliche Missbilligung seines Fensters gelassen hin.

Weniger bekannt, aber nicht weniger eindrucksvoll sind die Fenster im Machabäer-Chor von St. Andreas.

Zusammen mit den Reliquien der Heiligen Drei Könige gelangten 1164 die Gebeine der Machabäer nach Köln. Deren Martyrium, Folter und Verstümmelung hat Markus Lüpertz auf den fünf großen Fenstern des Chores dargestellt, auf den beiden kleineren Musikinstrumente und von Blumen eingerahmte Kornähren.

Der kurze Abstecher – vom Dom sind es nur wenige Schritte – lohnt sich. Man braucht etwas Zeit, um die Motive zu entschlüsseln, wird aber durch die leuchtende Farbenpracht und die Eindringlichkeit der Symbole belohnt.

Hilfreich dabei ist ein Faltprospekt, den der Förderverein »Romanische Kirchen Köln« in der Kirche auslegt.

Markus Lüpertz hat weitere fünf Fenster in Arbeit, die Anfang 2009 in einem Glasstudio im Taunus fertiggestellt und in dem gegenüberliegenden Marienchor eingesetzt werden sollen.

Auf der ewig zugigen Domplatte sind die Pflastermaler tätig, die stets irgendeine Botticelli-Dame oder den Kopf einer Raffael-Madonna malen, aber erstaunlicherweise nie eine der fünf großen Apostelfiguren von der in ihrem Blickfeld liegenden Westfassade als Modell nehmen.

Kleiner noch als die japanischen Touristen, die sich auf der Domplatte vor der Drei-Sterne-Sehenswürdigkeit digitale Fotoschlachten liefern, müssen die Stadtgründer gewesen sein, was sich an den Überbleibseln des römischen Nordtors ablesen lässt. Im Mittelalter wurde es »Pfaffenpforte« genannt, war der Zugang zum Dombezirk und wurde fast genau am Originalstandort wieder aufgestellt. Die Pfaffen müssen sich damals dem Dom in gebückter Haltung genähert haben.

Mir gefällt die Idee mit der Kreuzblume. Sie schmückt nicht nur die ansonsten kahle Platte, sie gibt als Modell im Maßstab 1:1 einen Eindruck von der Größe der Turmspitzen. Freilich war sie nie oben auf dem höchsten Punkt Kölns. Sie ist eine Nachbildung.

Seit Neuestem kann jeder den Dom mühelos bis ins Detail studieren. Das Dombauarchiv hat eine Auswahl seiner Bestände zur Aufbewahrung in einer europäischen Bilddatenbank digitalisieren lassen. So sind jetzt Tausende von Plänen, Grafiken, historischen Aufnahmen und Ektachromen für Interessenten öffentlich zugänglich.

Eine Internetadresse hat der Dom übrigens auch: www.koelner-dom.de.

Zwischen Kirchen, Kunst und Köbes: Die Altstadt

Die Fremdenführer behaupten, die Altstadt sei das bekannteste Viertel Kölns. Das mag für die durchreisenden Holländer, Belgier, Japaner und andere Kurzbesucher gelten. Und sicher ist, dass von den Sehenswürdigkeiten der Altstadt mehr Ansichtskarten in alle Welt verschickt werden als von allen anderen Attraktionen der Stadt. Aber für die Kölner ist das schmale Rechteck zwischen Hohenzollern- und Deutzer Brücke entlang dem durch den Bau des Ufertunnels entstandenen Rheingarten nicht eigentlich ein Veedel; es ist eine den Touristen vorbehaltene Amüsiermeile.

Das Wahrzeichen der Altstadt ist nicht der Dom (der macht ganz Köln zur »Domstadt«), sondern Groß St. Martin, dessen Silhouette das Panorama mit Fluss- und Giebelhäuschen zu einem der schönsten aller europäischen Städte macht.

Fotos aus den Jahren nach 1945 zeigen ein niederschmetterndes Bild. Das bedeutende Bauwerk lag, wie die übrigen elf großen romanischen Kirchen, in Trümmern. Man hat es, vor allem den völlig zerstörten mächtigen Vierungsturm, nach den alten Plänen Stein für Stein wieder aufgebaut. Die Arbeiten dauerten Jahrzehnte an. Erst ab Mitte der Achtzigerjahre ist die Kirche wieder öffentlich zugänglich. Eine große Leistung: Dimensionen und Proportionen wurden gewahrt, Groß St. Martin ist auferstanden aus den Trümmern. Der Innenraum wurde von dem Architekten Joachim Schürmann zusammen mit seiner Frau ausgestaltet: von den Kirchenbänken und Leuchten über die Farbgebung bis zu den Türklinken. Man kann darüber streiten, ob die Symbiose aus romanischer Gestalt und moderner Ästhetik gelungen ist. Sicher hat die mächtige Basilika bereits in den Bombennächten mit dem alten Dekor und der Patina von 1000 Jahren ihre mittelalterliche »Seele« verloren. Heute ist Groß St. Martin ein repräsentativer Kirchenbau mit der Atmosphäre des 20. Jahrhunderts, nüchtern und streng.

Eine besonders bequeme Art, die Altstadt kennenzulernen, ist eine Fahrt mit einer Perpedalo-Rikscha. Es gibt mittlerweile fünf, sie warten am Dom auf Kundschaft. Von 12 bis 20 Uhr sind sie im Dienst. Die Länge der Rundfahrt kann mit dem Chauffeur individuell vereinbart werden. In ein bis anderthalb Stunden werden die Rikscha-Gäste am historischen Rathaus vorbei über den Alter Markt bis zum Schokoladenmuseum am Rheinauhafen und wieder zurück kutschiert. 35 bis 49 Euro kostet der Spaß, ein paar Erläuterungen zur Stadtgeschichte inbegriffen.

Wenn ich Besucher aus dem Ausland auszuführen habe, wähle ich gelegentlich als konziliante Geste ein Lokal in der Altstadt. Das bunte Treiben »Am Bollwerk« und in den dahintergelegenen Gassen sorgt zuverlässig für gute Stimmung. Vor allem eine Tour durch die Brauhäuser als eine Entdeckungsreise durch die Tiefen und Untiefen der kölschen Wesensart kommt immer gut an. Der Münchner amüsiert sich, dass das Bier hier nicht in Maßkrügen, sondern in lächerlich kleinen 0,2-Liter-»Stangen« serviert wird – und zwar nicht von einer stämmigen »Zenzi«, sondern von einem blaugeschürzten, eher ruppigen Kellner, der »Köbes« heißt und unaufgefordert, noch ehe man sich entschieden hat, für Nachschub sorgt. Bekennende Düsseldorfer verteidigen ungefragt ihr Alt gegen unser obergäriges Kölsch. Und wer den Kölnern nicht die Stimmung verderben und sich nicht gegen einen wesentlichen Bestandteil ihrer Identität versündigen will, verlangt in der Altstadt weder ein Pils noch eine Berliner Weiße.

Aber auch mit anderen Getränken hat es schon Schwierigkeiten gegeben: Zwei Damen, deren kühle Eleganz sie als Hamburgerinnen ausweist, sitzen im »Brauhaus zur Malzmühle«. »Herr Ober«, ruft die eine in aller Unschuld. »Zwei Tee mit Zitrone.« Darauf der Köbes mit strengem Blick: »Mir sin he en Brauhuus un kein Mütterjenesungswerk!«

Der Schutzpatron der Brauer ist übrigens ein Dominikanermönch, ein gewisser Petrus von Mailand. Seit immerhin 600 Jahren sorgt er dafür, dass Gerste, Hopfen und Malz, Gott erhalt's, reichlich gedeihen, und ihn anzurufen hilft sogar bei Kopfschmerz und Kater.

Als Missionar unterwegs, wurde er auf dem Weg von Como nach Mailand ermordet und 1253 von Papst Innozenz IV. heiliggesprochen. Von seinem Märtyrertod zeugt ein kleines, steinernes Flachrelief über dem Eingang des Brauhauses »Früh am Dom«. Der Figur steckt ein Schwert im Kopf. Hier kann man am Ende einer Tour de Cologne die Hilfe des Heiligen erflehen.

Ein unfehlbarer Erfolg bei Gästen aus USA ist ein Essen »Em Krützche«, seit hier im Juni 1999 die Regierungschefs der G8-Staaten von der Stadt Köln bewirtet wurden. Unter ihnen der Zigarrenraucher Bill Clinton, der zu ein paar Gläschen Rheingauer Würstchen mit Sauerkraut aß. Ein

Maler mit naivem Gemüt hat das historische Ereignis in einem Bild festgehalten, das man gleich rechts von der Eingangstür bewundern kann.

Die Reize der Altstadt, diese aufgesetzte Fröhlichkeit und unechte Gemütlichkeit, suchen die Kölner nur gelegentlich. Sie verbrauchen sich schnell. – Nach einem Besuch der Philharmonie gehe ich gelegentlich zu »Holtmanns«, um gut und teuer noch eine Kleinigkeit zu essen. Aber ich käme nie auf die Idee, mich mit guten Freunden in der Altstadt zu verabreden, um in dem lauten Rummel den Abend zu verbringen.

Das letzte Mal in der Altstadt war ich aus besonderem Anlass. Wir gingen ins Museum Ludwig. Aber nicht etwa um die neue, um 90 Picasso-Gemälde erweiterte Ausstellung anzusehen. Um sie vom Namensgeber zu bekommen, musste sich die Stadt verpflichten, die alten Meister des Wallraf-Richartz-Museums in ein neu zu errichtendes Gebäude umzuquartieren. Der Deal war umstritten, aber es hat sich gelohnt: Die Wiedereröffnung des Museums nahm Irene Ludwig zum Anlass, 774 weitere Arbeiten Picassos der Stadt zu schenken. Köln ist heute stolz darauf, nach Paris und Barcelona über die drittgrößte Picasso-Sammlung der Welt zu verfügen.

An diesem Abend waren wir auf Einladung einer Verlagsgruppe, die ihre Jahrestagung in Köln abhielt, ins Museum gekommen. Und zwar, um zu dinieren. Kunst und Essen. Pop-Art und gute französische Weine. Zwischen Gerhard Richters »Emma – Akt auf einer Treppe« und George Segals »The Restaurant Window« ließen wir es uns schmecken. Kasper König, der Direktor des Museums, vermietet sein Haus für solche Zwecke, um seinen Ausstellungsetat aufzubessern.

Die Idee ist gut, aber nicht ganz neu. Eine Service-Firma bietet sechs Event-Locations an und behauptet, Köln sei damit Marktführer. Wer seinen Gästen etwas Besonderes bieten will, wende sich an den Zoo. Dort kann man mit Blick auf Piranhas und Kobras im Aquarium und Terrarium kulinarische Köstlichkeiten genießen. Oder man mietet im Zeughaus, um 1600 im Stil der niederländischen Renaissance erbaut, Räume des Stadtmuseums, um beim Tafeln dem gewaltigen »Kölschen Boor« zuzuprosten.

Kasper König führte uns zum Abschluss des Abends auf eine Dachterrasse. Da lag er vor uns, prächtig angestrahlt, zum Greifen nah: Der Domchor. Gewaltig in seinen Ausmaßen, zart in seiner Gliederung; ein einmaliger, grandioser Anblick.

»Wie war zu Köln es doch vordem ...« – Am Hof, gleich gegenüber von »Früh am Dom«, einer der wenigen Gaststätten in der Altstadt, in denen man gut und deftig essen kann, ohne deftige Preise zu bezahlen, steht der Heinzelmännchenbrunnen. Er erzählt eine urkölsche Geschichte, die viel verrät von der Mentalität der Kölner und ihrem Traum vom schönen Leben.

Es beginnt mit einem Wunder. Die Zimmerleute und Bäckermeister, die Fleischer, Küfer und Schneider reiben sich die Augen: Die Arbeit erledigt sich von selbst! Keine Mühsal mehr, alles gelingt mit leichter Hand. Heinzelmännchen sind am Werk: »Sie rupften / Und zupften / Und hüpften und trabten / Und putzten und schabten ... / Und eh ein Faulpelz noch erwacht, ... / War all sein Tagewerk bereits gemacht!« – Und was tun die braven Bürgersleut? Vergrößern sie die Werkstatt, verdoppeln sie die Produktion? Investieren sie die Gewinne, die ihnen in den Schoß gefallen waren, in neue Unternehmungen? Nein, sie legen sich auf die faule Haut, während andere, ohne Gesellenbrief und Lohn, ihre Arbeit tun.

Aber dann gibt es Ärger, und wie so oft ist eine Frau daran Schuld. »Neugierig war des Schneiders Weib…« Während der Mann glückselig im Bette schnarcht, greift sie zur Laterne und will wissen, was es mit den geheimnisvollen Wundertätern auf sich hat. Was tut sie? Stellt sie den freiwilligen Gehilfen köstliche Speisen hin zum Dank? Weit gefehlt! Heimtückisch streut sie Erbsen aus, die Männlein stolpern, schlagen hin, stürzen die Treppe hinunter und verschwinden auf Nimmerwiedersehen. Von Stund an hat das paradiesische Leben ein Ende. Zu ihrem Ärger müssen die guten Kölner jetzt wieder »selbst fleißig sein«. Ob des Schneiders Weib gestraft wurde für ihre Missetat, wissen wir nicht. Aber in den Gassen und auf den Plätzen der Stadt hörte man ein Seufzen: »Ach, das es noch wie damals wär! / Doch kommt die schöne Zeit nicht wieder her!«

Erstaunlicherweise stammen die Verse der kleinen Ballade von einem Mann, der Köln nie gesehen hat, dem Dichter und Maler August Kopisch aus Schlesien. 1899, aus Anlass seines 100. Geburtstages, wurden der Bildhauer Edmund Renard und sein Sohn Heinrich mit der Gestaltung des Heinzelmännchenbrunnens beauftragt. Ein großer Wurf ist den beiden nicht gelungen, wohl aber ein liebenswertes Ensemble von Figuren, Girlanden und Bögen im Stil der Jahrhundertwende. Und ein kleines Denkmal, das den Kölnern den Spiegel vorhält.

In der Altstadt haben das »Senftöpfchen« und das »Hänneschen« ihr Domizil, das eine ein Kabarett-, das andere ein Puppentheater. Beide erfreuen sich großer Beliebtheit und sind aus Köln nicht wegzudenken. Aber sie bestimmen nicht den Charakter der Altstadt.

Hat denn die Altstadt Charakter, gar einen unverwechselbaren? Sie steht auf historischem Boden, aber kaum etwas in ihr ist wirklich alt. Sie funktioniert nach demselben Prinzip wie etwa ihre Schwester in Düsseldorf: möglichst viel Bier, Käsekuchen, Frühlingsrollen etc. zu möglichst hohem Preis an den Einmalbesucher zu verkaufen. Diese Köln-Touristen entströmen den Zügen im nahe gelegenen Hauptbahnhof oder Dutzenden von Bussen, die anschließend in langer Schlange etwas weiter südlich an der Rheinuferstraße auf den Rücktransport ihrer angeheiterten Fahrgäste warten.

Pseudohaft ist das Ambiente, das Urtümliche und die ständige Happy-Hour-Stimmung. Und doch: Der Gang über die Uferpromenade ist an einem lauen Abend, ja selbst bei größerem Gedränge umwerfend schön.

Dort liegen die Ausflugsdampfer der Köln-Düsseldorfer vor Anker. Sie fahren ein Stück flussauf. Man kann wählen zwischen rheinischer Gemütlichkeit mit Schunkelmusik sowie Discogedröhne mit DJ und Light-Show auf der Tanzfläche. Kölsch wird da wie dort ausgeschenkt, aber das Ganze ist in beiden Versionen nicht nach meinem Geschmack. Ich würde jederzeit die Gelegenheit bevorzugen, auf einem der gewaltigen Frachtkähne als einziger Gast neben dem Steuermann den Rhein zu befahren, versunken in dem Anblick einer der schönsten Flusslandschaften Europas.

Einige meiner Freunde leben in der Altstadt. Und sie tun es gerne, auch ohne Bäcker, Metzger oder Lebensmittelgeschäft um die Ecke. Sie gehen am 11. im 11. um 11 Uhr 11 auf den Alter Markt, um schunkelnd bei der Eröffnung der neuen Karnevalssaison dabei zu sein. Und jeder von ihnen hat seine Lieblingsfigur, seinen Schutzpatron auf dem Ratsturm. Dort oben sind die Großen aus der Geschichte Kölns in demokratischer Gleichbehandlung versammelt, 124 an der Zahl (darunter 18 Frauen, die allerdings erst nach einem Protest der weiblichen Ratsmitglieder hinzugefügt wurden).

Auf den Sockeln des Erdgeschosses stehen hohe Herren von Agrippa bis Kaiser Maximilian I. Wer ein Fernglas mitgebracht hat, kann darüber auf drei Etagen viele alte

Bekannte entdecken, eine Mischung, wie sie nur in Köln möglich ist: Bischof Hildebold und den »Ketzer« Clarenbach, Karl Marx und Konrad Adenauer, Heinrich Böll und Josef Kardinal Frings, Jacques Offenbach und Willi Ostermann.

Einer der schönsten Plätze im alten Köln war der Heumarkt. Dort reitet auf einem Sockel, die Kandare fest in der Hand, der Preußenkönig Friedrich Wilhelm III. gen Osten. In Uniform, versteht sich. Der Bronzeguss ist allenfalls wegen des Pferdeschweifs bemerkenswert: aus schwer nachvollziehbaren Gründen trafen sich früher »ungerm Stätz« gern die Liebespaare.

Militaristen sind die Kölner nie gewesen, heroische Gesten entsprechen nicht ihrem Naturell. Damit lässt sich erklären, dass es in Köln auffällig wenig Denkmäler gibt, abgesehen von den Zugeständnissen aus der Preußenzeit. Die großen Figuren aus der 2000-jährigen Geschichte auf einen Sockel zu stellen, kommt den Kölnern nicht in den Sinn. Denkmäler kosten Geld – auch das ein Grund, sparsam mit ihnen umzugehen. Und wenn, dann soll der Geehrte nicht von oben, sozusagen aus der Belle Etage, auf den gemeinen Bürger herabschauen, sondern Parterre zu ebener Erde stehen, in gleicher Augenhöhe mit dem Betrachter, so wie Willy Millowitsch auf der Bank vorm Hänneschen-Theater. Zum Anfassen. Beim Verdacht auf Personenkult regt sich beim Kölner Widerstand. Wenn aber Bürger und Rat einmal übereinstimmend der Meinung sind, dass ein Sohn (seltener eine Tochter) der Stadt Anspruch auf eine Würdigung besonderer Art hat, dann ist ihnen ein Brunnen lieber als ein Denkmal mit Sockel.

In der Kölner Altstadt gibt es mehrere Brunnen-Denkmäler. Einer erinnert an Willi Ostermann, den Kölner Bänkelsänger, Volksdichter und Poeten der kleinen Leute. Er ist der Verfasser beliebter Lieder mit Ewigkeitswert, die Geschichten aus dem Kölner Alltagsleben erzählen. Wenn ein Kölner ein Dutzend Lieder auswendig singen kann – Kirchen-, Kinder- und Weihnachtslieder eingerechnet –, sind vier von Willi Ostermann. Wie kein anderer hat er die »Kölschen Tön« populär gemacht und die Kölner darauf vorbereitet, sich für die Musik von BAP, den Bläck Fööss oder von den Höhner zu begeistern. Kein Geringerer als Hans Mayer hat sich mit Sympathie an »den melancholischen Clown und Spaßmacher« erinnert und ihm bestätigt, dass er in seinen Texten »Genrebilder geliefert hat von unvergleichbarer Echtheit. Darin lebt noch das bäuerliche Köln und das Volk zwischen Alter Markt und Rheinufer: arme Leute, oft auch reines Gesocks.« – Willi Ostermann starb 1936. Sein Brunnen auf dem nach ihm benannten Platz wurde 1939 mit braun gefärbten Reden eingeweiht. Die neue, stramme Volkstümelei wäre ihm ein Gräuel gewesen.

So ist die Altstadt dann doch ein ganz kölsches Pflaster. Ein Vergnügungsviertel, laut und ordinär, ein Tummelplatz für Eingeborene und Imis, ein Ort großbürgerlicher Vergangenheit, ein Pflegeplatz der Volksseele, schrecklich und liebenswert zugleich.

Übrigens: Die Altstadt liegt auf einer ehemaligen Rheininsel. Im zehnten Jahrhundert hat man sie ins Stadtgebiet einbezogen, indem man einen alten Rheinarm kurzerhand – und kurz gedacht – zuschüttete. Schade drum! Wie schön wäre es, lägen die Plastikstuhl-Lokale wie auf einem kölschen Lido ein Stück dem hillige Kölle vorgelagert, umspült von den Wogen des großen Flusses.

Kölns fünfte Jahreszeit: Der Karneval

Karneval soll man feiern, nicht bereden. Sollte man meinen. Aber die Kölner lieben es nun mal ze schwade. Das Dreigestirn, der Zug, die Sitzungen, die neuen Schlager und vieles mehr. Da gibt es viel ze verzälle. Der Karneval ist eine unendliche Geschichte. Von ihm handeln ganze Bücher, stapelweise. Darunter sogar ein Knigge, ein unentbehrliches Nachschlagewerk und Benimmbuch für alle, die nicht schon im Kinderwagen in einem Veedelszoch mitgefahren sind.

Die drei kölschen K's. Karneval ist eines davon, gleichwertig neben Kirche und Klüngel. Es gibt noch andere: Köln ist die Stadt der Könige (der Heiligen Drei), der Kneipen, der Köbesse, des Kölsch, der Kamelle und der Kayjass – sie alle stehen mehr oder weniger direkt in Beziehung zum großen K des Karneval.

Während der Rest der Welt mit vier Jahreszeiten auskommen muss, beschert der Karneval Köln eine fünfte. Sie beginnt bekanntlich auf die Minute genau um 11 Uhr 11 eines jeden Jahres erneut am 11. im 11., ausgerufen auf dem

Alter Markt und meist bei Temperaturen, die einen Schabau oder auch zwei rechtfertigen. Dann ertönt der Schlachtruf:

»Ajuja, ajuja, jetz jei et widder ajuja.
Jetz jeit et los!« –

Die Session endet zwei Tage nach Rosenmontag, bei manchem mit einem Kater, bei manchem mit einem Aschenkreuz auf der Stirn, bei allen Jecken aber mit dem festen Vorsatz, beim nächsten Mal wieder dabei zu sein.

Ursprung und Geburtsjahr des Karneval lassen sich festlegen, nur leider nicht genau. Und weil das so ist, taucht von Zeit zu Zeit eine ganz neue Theorie auf, und die daraus resultierenden Widersprüchlichkeiten vertragen sich prächtig mit dem schillernden Wesen des Karneval.

Die alten Römer zogen am Ende des Jahres während der »Saturnalien« zu Ehren der Göttin Isis einen Schiffswagen, den carus navalis, durch die Straßen. Von diesem Fest leitet sich die ganze Fröhlichkeit ab. – Alles Unsinn! Bevor die strenge Zeit des Fastens und des Büßens beginnt, muss ausgiebig gefeiert werden. Freut euch am Sonntag laetare und dann carne vale, Fleisch ade! Nichts anderes bedeutet der Name.

Im Mittelalter begann das bunte Treiben mit der »Pfaffenfastnacht«. In den Klöstern wählte man sogar zur allgemeinen Erheiterung und wenig ehrerbietig einen Narrenbischof, unter dessen Regiment man alle Hemmungen fallenließ, wie etwa die »Nonnenfürzchen« beweisen, die bis heute als goldbraunes Schmalzgebäck aus der Karnevalszeit nicht wegzudenken sind.

Der Karneval, den wir feiern, erblickte 1823 das Licht der Welt. Dies ist nämlich das Gründungsdatum eines »Festordnenden Comitees«, dessen Name allerdings den Schluss zulässt, dass es auch schon früher, also zur Franzosenzeit, ein närrisches Fasteleertreiben gegeben haben muss, das in seiner Zügellosigkeit den neuen preußischen Herren missfiel und nun in geordneten Bahnen gelenkt werden sollte. Dieses Comitee ergriff auch gleich die Initiative; ihm verdanken wir das, was bis heute den offiziellen Karneval ausmacht: Rosenmontagszug, Prunksitzung und Maskenball. Da werden sich die steifen preußischen Offiziere aus Pommern und Mecklenburg köstlich amüsiert haben!

Der Karneval hat sogar eine Adresse: Maarweg 136 in Braunsfeld. Dort ist das Haus des Kölner Karneval. Es verfügt über eine Kleiderkammer mit einem Fundus von 16000 Karnevalskostümen. Sie werden hauptsächlich von den Aktiven getragen und kommen nach jeder Session geflickt, aber ordentlich gereinigt zurück. Ein dem Haus des Kölner Karneval angegliedertes Museum soll unter Beweis stellen, dass sich Frohsinn auch archivieren lässt. 1111 farbige Motive (zum Beispiel Entwürfe von Festwagen) werden fein säuberlich geordnet aufbewahrt neben zahlreichen Fotos, historischen Dokumenten und Orden (etwa 6000 an der Zahl).

Das Prunkstück des Kölner Karnevalsmuseums wird das Protokollbuch des »Festordnenden Comitees« aus dem Jahre 1827 sein. Das waren noch Zeiten, als von ordnender Hand die Vorkommnisse der tollen Tage protokolliert wurden. Das Comitee war natürlich Männersache, und so dauerte es nicht lange, bis die ersten Orden verliehen wurden, vorgeblich als Parodie auf die Ordensflut in der deutschen Kleinstaaterei und beim Militär, in Wirklichkeit aber als ernst gemeinte Belohnung für unermüdlichen Einsatz in Sachen Frohsinn. Ein Exemplar des ersten Kölner Karnevalsordens, vergeben 1838, ist im Museum zu bewundern. Die Medaille trägt die Aufschrift »Weisheit im Narrenkleid bringt uns die goldene Zeit«.

Ein Karnevalist ist einer, der gerne feiert, aber der auch

weiß, was er da feiert und warum. Ein solcher ist Jürgen Becker, beschlagen wie kaum ein anderer in der Ur-, Früh- und späteren Geschichte des Kölner Karneval. Obwohl er persönlich, etwa in seinen früheren Auftritten in Stunksitzungen, eher das radikal heidnisch-anarchistische Element verkörpert, ist er ein Anhänger der These, dass der kölsche Karneval christlichen Ursprungs ist. Er hat herausgefunden, dass der älteste Karnevalsverein die KG Fidele Apöstelcher war mit einem Präsidenten, der noch in ganz anderer Hinsicht von sich reden machte. Sein Name: Jesus von Nazareth. Er führte die ersten Herrensitzungen durch, deren bekannteste später etwas verklärt als »Abendmahl« häufig auf Sackleinen oder Wänden abgebildet wurde. Diese Sitzungen waren allerdings noch nicht so gut besucht wie heute, gerade mal zwölf andere Herren nahmen teil. Einer ist dann auf unrühmliche Art ausgeschieden, man sagt, er sei mit der Vereinskasse durchgebrannt. Es blieben elf übrig – elf, die Jeckenzahl –, und daraus entstand dann, wie Jürgen Becker nachweist, der erste Elferrat.

Kommen wir zum Dreigestirn, dem hellsten Sternbild am Kölner Narrenhimmel. In jenen Zeiten, von denen eben die Rede war, trat es in den Kostümen von drei Königen aus dem Morgenland auf, einer davon ein Mohr. Ihr Andenken hält man in Köln so hoch und heilig, dass man ihre Kronen ins Stadtwappen aufgenommen hat. Dort prangen sie noch heute.

Mit der Zeit wurden allerdings die drei hohen Herren mit ihrem vornehmen Getue und den Kamelen langweilig. Ein neues, modernes Dreigestirn musste her. So trat der Kölsche Boor, als Sinnbild der Stärke und Schläue so recht nach dem Geschmack der Volksseele, die Nachfolge von Kaspar an. Melchior wurde kurzerhand zur Jungfrau umfunktioniert, als Verkörperung der Stadtpatronin Colonia. Die erste im Amt soll die Kölner Männer ermahnt haben, gut aufzupassen, »das ich eine wahre Jungfrau bleib«. Die Jungfrau als Mann unter Männern, das war beides: Lust an der Travestie und ein Gebot der Sittlichkeit zugleich. Als Dritte im Bunde, als strahlende Gestalt ersetzte der »Held Carneval« schließlich den Balthasar. Aber die Kölner haben nun mal etwas »penetrant Unmilitärisches« (Heinrich Böll), Helden halten sich in solch einem Klima nicht lang, und da die Vorsehung den Kölnern nie einen Fürsten beschert hat, der in ihrer Stadt das Zepter schwang, wollten sie zum Ausgleich wenigstens im Karneval ihren Prinzen, der am Rosenmontag Strüßje und Kamelle regnen lässt. Die Umbenennung gefiel den Preußen. Nach dem Sieg über die Franzosen 1871 durfte es in Deutschland nur einen Helden geben: den Kaiser.

Karnevalsmuffel, sogenannte »Miesepitter«, behaupten, der Spaß an der Freud sei zum Kommerz verkommen, zu keiner Jahreszeit werde so viel geklüngelt, und wenn man die todernsten Gesichter der Karnevalsfunktionäre sehe mit ihren Kappen und ihren frisch gereinigten Uniformen – das wäre zum Heulen. Der offizielle Karneval vermarktet wie ein Happening, eine Million Menschen würden an den tollen Tagen in die Stadt geschleust, geschröpft und anschließend in Bussen und Sonderzügen wieder nach Hause verfrachtet, und die Polizei müsse von Jahr zu Jahr immer mehr volltrunkene Jugendliche einsammeln.

Streiten wir nicht, ob das alles wirklich so stimmt oder nicht; wenden wir uns vom offiziellen Karneval ab und dem inoffiziellen, dem ursprünglichen, dem wahren, dem eigentlichen zu. Er beginnt an Weiberfastnacht, dem Donnerstag, an dem die Frauen ganz offen und unverbrämt das Regiment in der Stadt übernehmen. Sie feiern in Büros, Kneipen und Straßen, überall, wo sich eine Gelegenheit dazu bietet, und kommen dabei erstaunlich gut ohne die Unterstützung ihres Günter, Karl-Heinz oder Peter aus. Als

Mann legt man am besten jegliches Macho-Gehabe ab, lässt sich einfangen, mitreißen oder mitschleifen – oder man flüchtet und nutzt den Tag für eine Tippeltour in der Eifel.

An Weiberfastnacht kommt es gelegentlich unter Berufung auf einen alten Brauch zu Ersatzhandlungen. Aus kluger Voraussicht binde ich mir den am Abend zuvor bereits zurechtgelegten Schlips um, dieses besonders hässliche Exemplar, das ich immer schon loswerden wollte, und so stürze ich mich in der Hoffnung in das Getümmel, dass eine gnädige Frau ihn mir tatsächlich abschneidet. Hat man Glück und wird in dieser Form zurechtgestutzt, sind der Fröhlichkeit keine Grenzen mehr gesetzt.

Köln ist genauso autoverliebt wie jede andere Großstadt. Das Recht, mit dem eigenen Auto jederzeit überall hinfahren zu können, ist den Kölnern ebenso heilig wie die Gewissheit, an jeder Straßenecke eine Kneipe vorzufinden. Umso erstaunlicher, dass es allgemein ohne Murren und Protest hingenommen wird, wenn während der tollen Tage der Verkehr streckenweise ganz oder teilweise zum Erliegen kommt. Für den Rosenmontagszug wird die gesamte Innenstadt gesperrt, das ist klar. Aber schon am Karnevalssamstag hat der Geisterzug, für den die Stadt sogar die Straßenbeleuchtung abschaltet, am Sonntag und Dienstag haben die Schul- und Veedelszöch absolute Vorfahrt. Autofahrer, die es noch eiliger haben als die Müllabfuhr, die wie das Amen nach der Messe jedem Zug folgt, riskieren, dass ihre Reifen mit einer kaputten Bierflasche auf der Fahrbahn oder ihre Kühlerhaube mit einer geballten Hunnenpranke Bekanntschaft macht.

In der Karnevalssession 2003 / 2004 feierte eine Institution ihr 20-jähriges Bestehen, die eigentlich gar keine werden wollte: die »Stunksitzung«. Anders als die anderen, frech, respektlos, subversiv, blasphemisch und gut gelaunt, betraten die Stunker die Szene und nahmen vor allem die

»alte Herrenriege« des offiziellen Kölner Karneval respektlos auf die Schippe, worauf diese der jungen Konkurrenz den Krieg erklärte. Die Truppe von Jürgen Becker gab die Parole aus: »Schunkelt kaputt, was Euch kaputt tuscht; weg mit dem Weinzwang, unter den Komiteemützen der Muff von 1000 Jahren!« und erklärten, mit ihrem alternativen Programm sei der Karneval instandbesetzt.

Der Erfolg ließ nicht lange auf sich warten. Von einer kleinen Studiobühne zog die Stunksitzung ins E-Werk um: aus den 900 Zuschauern im Gründungsjahr wurden 46 000 im Jahre 2003. – 20 Jahre ist für anarchistischen Karneval ein beträchtliches Alter. Die Stunksitzung ist aus Köln nicht mehr wegzudenken, und man könnte sich fragen, ob sie in der Mischung von Kritik, Kabarett und böser Satire nicht auch schon zum Establishment gehört. Nein, sagen die Stunker, keine Sorge: Unsere Sitzung ist immer »Ausdruck von elementarer Lebensfreude, Musik, Power und eine gemeinsame Feier mit dem Publikum«. Solange das so bleibt, braucht man sich wahrlich keine Sorgen zu machen.

Das schönste am Karneval sind die Schlager. Jedes Jahr kommen neue dazu, viele überleben nicht die eine Saison, wenige werden zu Klassikern. Sie stammen von Willi Ostermann (»Einmal am Rhein« oder »Heimweh nach Köln«), und Willi Herkenrath (»En d'r Kaygaß«) oder, wenn sie neueren Datums sind, von den Bläck Fööss (»Mer losse d'r Dom en Kölle« oder »In unserem Veedel«) oder von den Höhnern (»Hey Kölle« oder »Viva Colonia«). Die Karnevalsschlager sind im Ton und von den Themen dem Krätzje verwandt, Liedern, in denen ein Schwank aus dem Leben der lieben Nachbarn erzählt wird, von der »Schmitze Billa« oder von den Pullmanns, deren Bett so schmal ist, dass der Herr Gemahl keinen Platz darin findet. Die kölschen Lieder schauen dem Volk aufs Maul und sprechen ihm aus dem Herzen, sie sind frech und aufsässig, aber nie aggressiv, sie changieren zwischen scharfem Witz und Sentimentalität. Gesungen werden sie aus Spaß an der Freud; gegrölt eigentlich nur von Imis, die zum Karneval nach Köln gekommen sind, um mal so richtig die Sau rauszulassen. – Aber wie dem auch sei, die Kölner lieben die Musik, vor allem die, bei der man mitsingen und mitschunkeln kann, und wenn man den Kölner Meinungsforschern Glauben schenken darf, dann ist Köln die meistbesungene Stadt der Welt.

Der Kölner Karneval ist vulgär, nicht frivol. Die Kostüme, die man auf den Umzügen sieht, sind einfallsreich, deftig und selbstironisch, jedoch nur selten sexy. Köln ist nicht Rio. Sex kommt vor, aber nur als Parodie. Die Lust, sich zu verkleiden, gehört zu den Urtrieben des Menschen, und in Köln ist diese Lust besonders ausgeprägt. Aber Kopfputz, Perücken, Schminken, künstliche Nasen und alles, was Mann und Frau oben und untenherum tragen, werden vornehmlich so zusammengestellt, dass beispielsweise ein Münchner, der im Fasching an durchsichtige Blusen, Strapsbänder und Tangas gewöhnt ist, allenfalls auf die Idee käme, die kostümierten Kölner »urig«, nicht aber »schön« zu finden.

Wer Sinn für Schönheit hat, muss ihn nicht herausstellen. Das sieht man in Köln schon an den Neubauten der letzten 30 Jahre. Mit Schönheit geht man nicht hausieren. In Köln auch im Karneval nicht. Weiberfastnacht vor ein paar Jahren. Ort der Handlung: eine stinknormale Kneipe in der Südstadt. Mitwirkende: eine Horde vergnügungssüchtiger Frauen in bester Stimmung, am Rande einige Männer, die sich an einem Kölsch festhalten. Luftschlangen, ein bisschen Flitter, Karnevalsmusik. Die Frauen fangen an zu tanzen. Ziemlich wild. Weit und breit kein Schlips zum Abschneiden. Da geht die Tür auf, und herein spaziert ein Kollege, gerade zugezogen aus Hamburg, den ich zu warnen vergessen habe. Da steht er als Rosenkavalier, perfekt bis zu den weißen Handschuhen. Steht da in aller Unschuld. Die Frauen trauen ihren Augen nicht, umkreisen langsam das unkölsche Wesen als käme es vom Mond, werden schneller und schneller, jubeln und kreischen, ein Hexensabbat. Der verdutzte Kavalier wird von der Meute mitgerissen, gebützt und geschubst bis ihm der Dreispitz vom Kopfe fliegt. Verschwitzt und verbeult sieht er fast wie 'ne echte kölsche Jeck aus, als wir etwa nach einer Stunde in die nächste Kneipe weiterziehen. Feuertaufe bestanden!

Von Nichtkölnern hört man mitunter den Einwand, das Leben sei ernst, und da könnten sie nicht einmal im Jahr sozusagen auf Befehl fröhlich sein, einmal im Jahr auf die Pauke hauen und dann für den Rest wieder die Tristesse des Alltags. »Am Aschermittwoch ist alles vorbei!« wie es im Lied heißt.

Aber nein, so ist das doch gar nicht. Die Schwüre von Treue haben vielleicht für diesmal ausgedient. Aber Köln, nach kurzer Erholungspause, rüstet schon zum nächsten Großevent, der größten Parade weit und breit Anfang Juli am »Christopher Street Day«, der ein ganzes Wochenende dauert. Mehr als eine Dreiviertelmillion Menschen werden auf den Beinen sein, keineswegs nur Schwule und Lesben. 40 000 Teilnehmer werden auf immerhin 80 Wagen an dem Umzug teilnehmen, der durch die ganze Innenstadt führt, der Oberbürgermeister und das Fernsehen sind dabei wie am Rosenmontag. Aloa statt Ajuja und Alaaf, und wieder sind bei den Kostümen keine Grenzen gesetzt. Köln wie es lacht und feiert.

Und Köln, das liegt am Rhein

Köln am Rhein. Ihre Existenz verdankt die Stadt dem Wasser. Dieses Element hat ihre Geschichte geprägt. Und kaum eine andere Stadt hat ihren Namen so eng mit dem Wasser verknüpft, dem Fluss, an dessen beiden Ufern sie liegt. Wer spricht schon von Mainz, Düsseldorf oder Oberhausen »am Rhein«, obwohl ihm diese Städte ebenso viel zu verdanken haben? Frankfurt hat sich als Attribut »a. M.« zugelegt, dies aber vor allem, um sich von dem anderen Frankfurt, dem an der Oder, zu unterscheiden. Allein »Köln am Rhein« ist ein feststehender Begriff, schweißt die beiden Schicksalsgefährten untrennbar zusammen.

Als Julius Caesar 54 v. Chr. mit seinen Kohorten am Rhein erschien, mag er an einem klaren Morgen umgeben von seinen Offizieren und einigen ihm treu ergebenen Ubiern an dem Platz gestanden haben, der über 2000 Jahre später nach Heinrich Böll benannt wurde. Caesar wird strategische Überlegungen angestellt haben: Sollte man die kleinen Inseln und Sandbänke im Fluss nutzen, um eine Brücke von den Feldlagern am diesseitigen Ufer hinüber zu dem rechtsrheinisch gelegenen Castrum zu bauen? Würde das mit seinen schwächlichen Mauern einem neuerlichen Ansturm der Barbaren standhalten? Oder wäre es besser, einen Angriff gegen diesen Ariovist zu organisieren, unter dessen Befehl die germanischen Stämme sich vereinigt hatten? – Ich hoffe, in den entscheidenden Minuten, bevor er sein endgültiges »So soll es sein!« sprach, hat den großen Caesar doch etwas anderes bewegt. Vielleicht war da eine ganz und gar unimperiale Regung, die er nicht einmal dem Schreiber seiner Tagebücher anvertraut hat. Wie schön wäre die Vorstellung, dass er sich einen Moment von dem grandiosen Schauspiel der Wassermassen hat hinreißen lassen, die an ihm vorüberströmten. Und dann seine Entscheidung kundtat: In nur zehn Tagen schlagen seine Pioniere eine Brücke aus Holz über den Rhein; er führt seine Truppen hinüber, allerdings ohne den Feind, der sich in den undurchdringlichen Wäldern des Oberbergischen versteckt hält, ausfindig zu machen, und kehrt bereits nach 18 Tagen unverrichteter Dinge ins Standquartier zurück.

Die Römer waren im Bau von Kanälen, Wasserleitungen und Kanalisationssystemen erfinderische Meister. Zur Versorgung von Köln entstand nach Gründung der Stadt im Jahre 50 n. Chr. ein Leitungssystem, dessen Hauptader Quellwasser 80 Kilometer weit von der Hocheifel auf Aquädukten über die zahlreichen Täler hinweg bis in den 19 Meter hohen Wasserturm der Colonia Agrippinensis führte. Ausreichend sauberes, trinkbares Wasser für alle Bürger auch in den trockenen Sommermonaten – das bedeutete einen Zivilisationssprung, den wir heute kaum noch nachvollziehen können. Man stelle sich einen überfüllten Campingplatz vor mit reichlich Vieh zwischen den Zelten und Wohnwagen, dessen Wasserhähne und Duschen durch einen zentralen Rohrbruch auch nur einen Tag versiegen.

Mit wenig Fantasie kann man erahnen, welche Wohltat es für die Camper bedeutet, wenn der Schaden behoben und jeder sich wieder waschen, spülen, die Blumen gießen und die mitgebrachten Tiere tränken kann.

Ein erhöhter Wasserverbrauch hatte die natürliche Folge, dass mit einem Mal größere Mengen Schmutzwasser in der Colonia Agrippinensis anfielen. So bauten die Römer ein Kanalsystem unter der Stadt, das seinen übel riechenden Inhalt ungeklärt in den Rhein ergoss. Unter dem neuen Rathaus in etwa neun Meter Tiefe ist der nördliche Hauptsammler der Anlage zu besichtigen. Der Kölner Literat Dieter Wellershoff hat in seinem Aufsatz »Die unterirdische Stadt« das etwa 100 Meter lange Teilstück des römischen Abwasserkanals als einen Meditationsraum beschrieben, kahl, weltabgewandt und für zur Klaustrophobie neigende Personen ungeeignet, in dessen Totenstille man leicht ins Träumen und Fantasieren gerät, gerade weil es außer den roh behauenen Steinblöcken der Wände und den unregelmäßig verfugten Bodenplatten nichts zu sehen gibt.

Das Verhältnis der Kölner zu ihren römisch-ubischen Ursprüngen wäre eine eigene Betrachtung wert. Hier nur so viel: Wir sind stolz auf unsere römischen Wurzeln. In allfälligen Festreden ist es ein beliebter Gedanke, dass wir als Teil eines Weltreiches gewissermaßen bereits in den Kinderschuhen Weltoffenheit gelernt hätten. Das sei der Grund, warum sich ausländische Mitbürger bei uns besonders wohlfühlen, und im Übrigen – und diese Pointe zieht immer – sei Köln auch heute noch die nördlichste Stadt Italiens. Diese Begeisterung für eine Vergangenheit, die fast 2000 Jahre zurückliegt, führt allerdings nicht dazu, dass die Kölner auffällig oft in eines der schönsten Museen des Landes gingen, in das Römisch-Germanische. Immerhin ist dort neben anderen Schätzen eine Sammlung römischer Prunkgläser zu sehen, wie sie keine andere Stadt, auch die Ewige nicht, vorzuweisen hat. Auch an den an vielen Orten freigelegten Mauerresten aus römischer Zeit zeigen die Kölner kein großes Interesse, die – das muss man hinzufügen – unschön in Tiefgaragen integriert, auch noch schlecht beschildert und, da meist unterirdisch, unzureichend beleuchtet sind.

Selbst der Römerturm, das besterhaltene Überbleibsel der ersten von Agrippina gewissermaßen als Patengeschenk ihrer Geburtsstadt gestifteten sieben bis acht Meter hohen, durchweg mit Zinnen gekrönten Festungsmauer, steht lieblos eingeklemmt und unauffällig an einer zugigen Straßenecke. Niemand ist je auf die Idee gekommen, seine nähere Umgebung so zu gestalten, dass ein Besucher mit historischem Interesse und Schönheitssinn dort auch nur kurz verweilen wollte. Es wäre erfreulich, wenn Köln am Römerturm einen Skulpturengarten mit einigen der im Fundus des Museums liegenden Götterstatuen, einem kleinen Mosaik, einigen korinthischen Kapitellen und einem aus den reichlich vorhandenen Steinen und Platten der ehemaligen Stadtmauer erbauten Brunnen errichten würde. Ein Springbrunnen müsste den Mittelpunkt der kleinen Anlage bilden. Und damit wären wir wieder bei unserem eigentlichen Thema, dem Wasser.

Schlendert man nicht gerade am Rhein entlang, ist vom Wasser bei einem Rundgang durch die Innenstadt wenig zu sehen. Das war nicht immer so. Die Kölner erfreuten sich am Anblick eines Flüsschens, das stadtgeschichtliche Bedeutung besaß: Die Römer zogen an seinem Ufer entlang ihre südliche Stadtmauer, im Mittelalter versorgte es die Stadt mit dem frischen Wasser des Vorgebirges, bis sich die Färber, Gerber und Müller an ihm niederließen und es mit den ätzenden Abwässern ihrer Werkstätten in eine giftige Brühe verwandelten: der Duffesbach. Im Zuge der Stadterweiterung wurde er in Rohre gezwängt und in den Untergrund verlegt und nur noch die Straßennamen Weidenbach, Rothgerberbach, Blaubach, Mühlenbach oder Filzengraben markieren heute seinen kanalisierten Verlauf. Ein Stück unterhalb des Malakoff-Turms mündet er in den Rhein. Die Stelle wird häufig von Anglern markiert, denen Fische aus dem Duffesbach offensichtlich besonders gut schmecken.

Köln verdankte seinen Wohlstand dem Rhein. Er war das Rückgrat der blühenden Handelsstadt. Die englischen und holländischen Hochseeschiffe gelangten im Mittelalter bis nach Köln. Vor allem Fische hatten sie in großen Mengen an Bord, die Fracht musste hier gelöscht werden, denn von Köln rheinauf konnten nur kleinere Schiffe mit weniger Tiefgang fahren. Heute noch geben Straßennamen darüber Auskunft: Am Niederländer Ufer legten die dickbauchigen Pötte an, am Oberländer Ufer wurde das teure Gut für die Fahrt stromaufwärts verladen. Für die Kölner Handelsherren war dies ein einträgliches Geschäft. Im Stapelhaus hatten sie zuerst drei Tage lang Zugriff auf die frisch eingetroffenen Waren, bevor sie andernorts feilgeboten werden durften. Die Kölner verspeisten die leckersten Heringe und tranken dazu den besten Rhein- und Moselwein, der in dicken Fässern in ihrem Hafen landete.

Das Wasser des Rheins ist heute nicht so übel wie sein Ruf. Filter- und Kläranlagen haben seine Qualität deutlich verbessert. Trotzdem sollte man nicht im Rhein schwimmen, auch im August nicht, wenn eine schwülheiße Dunstglocke über Köln liegt. Nicht aus hygienischen Gründen sollte man darauf verzichten, sondern weil ein Bad im Rhein gefährlich ist. Strudel, Gegenströmungen, der Sog der großen Frachtkräne haben jeden Sommer tödliche Unfälle zur Folge. Bei dem Versuch, von einem Ufer zum anderen zu schwimmen, sind immer wieder Menschen ertrunken.

Rudern auf dem Rhein hat dagegen Tradition, nicht als Familienvergnügen, sondern auf sportliche Art. Passionierten Seglern hingegen hat Köln wenig zu bieten. Auf dem Rhein zu kreuzen, ist schwierig, natürliche Seen fehlen im Umland, auf den von Talsperren gestauten Gewässern ist jegliche Art von sportlicher Betätigung verboten. Der Kölner, der das Wasser liebt, muss sich mit dem Fühlinger See oder dem Otto-Maigler-See oder mit den künstlichen Weihern der Grünanlagen begnügen, mit Entenfüttern und Bötchenfahren.

Hätten die Kölner doch von ihren römischen Vorfahren die Lust am Bau von Brunnen, die Fantasie für kunstvolle Wasserspiele geerbt! Mit Brunnen lassen sich Plätze gestalten. Sie markieren den Mittelpunkt oder eine Achse, sie schaffen Perspektiven, die das Auge braucht, um die räumlichen Dimensionen zu erfassen. Brunnen sind ein wohltuendes Fluidum im starren Häusermeer, ihr Plätschern, ihre breit fallenden Kaskaden oder steil aufsteigenden Fontänen üben einen geheimnisvollen Sog aus. Man tritt näher, atmet tief durch, als wäre die Luft in der Nähe des Wassers sauberer und frischer und lässt sich für einen Augenblick verzaubern.

Eine Zählung hat ergeben, dass es in Köln mehr als 100 Brunnen gibt, davon etwa ein Drittel in der Innenstadt. Es gibt sie, aber sie bestimmen nicht das Stadtbild. Bis ins 19. Jahrhundert befand sich die Wasserversorgung in einem eher primitiven Zustand. Der gesamte Bedarf an Trinkwasser wurde durch über die Stadt verstreute, schlichte Ziehbrunnen gedeckt. »Pütze« hießen sie – und so sahen sie auch aus. Die Architekten, die im Auftrag der Fürsten deren Residenzstädte verschönerten, haben vielfältige Formen gefunden, um Wasser als Gestaltungselement und als Zeichen des Überflusses in ihre Pläne einzubauen. Sei es aus vornehmer Zurückhaltung, aus schierem Platzmangel oder aus Sparsamkeit – die Kölner Bürger haben ein Repräsentationsbedürfnis, das sich in Wasserspielen äußerte, nicht entwickelt.

Der älteste Zierbrunnen Kölns ist der Petrusbrunnen am Dom, auch »Drügge Pitter« genannt; er wurde erst 1870 errichtet. Imposant auch die runde, um 1890 entstandene Brunnenanlage auf dem Barbarossaplatz, an der eine Pferdebahn auf Schienen vorbeiführte. Im Krieg wurde sie zum Teil zerstört, für die modernen Stadtplaner bedeutete sie ein Verkehrshindernis. Die Brunnenanlage wurde entfernt, der Barbarossaplatz zu einem der trostlosesten Plätze Kölns.

Kölner Bürger hatten einen Verein gegründet, der es sich zum Ziel gesetzt hatte, »auf die Verschönerung der Stadt hinzuwirken«. Durch seine Initiative, durch Beiträge und Schenkungen konnten um 1900 mehrere Brunnen gebaut werden. Der erste vom Verschönerungsverein gestiftete Brunnen steht auf dem Alter Markt in Erinnerung an den ruhmreichen Reitergeneral Jan van Werth. Diese sympathische Kombination, bei der durch die Ehrung des Dargestellten der Bau eines Brunnens gerechtfertigt, das Pathos des Denkmals aber durch die Beigabe von Wasser gemildert wird, erfreute sich in Köln großer Beliebtheit. Ein Beispiel aus neuerer Zeit ist der »Zeitungsbrunnen« in der Breite Straße, der zum 100. Geburtstag des »Kölner Stadt-Anzeigers« nach einem Entwurf des Kölner Künstlers Theo Heiermann errichtet wurde. Schön auch der »Nasenbrunnen« an der Venloer Straße, der an Leonard Lersch, »De Läsche Nas«, ein Ehrenfelder Original, erinnert. Er wurde durch seine chronisch triefende Nase berühmt. – Die Stadt musste Brunnen stilllegen, das Wasser abdrehen, musste sie ihrer eigentlichen Existenzberechtigung berauben. Um Kosten zu sparen, ist in manchen Stadtteilen kein Plätschern mehr zu hören. So wartet der Hermann-Joseph-Brunnen auf dem Waidmarkt auf einen Sponsor. Er erzählt die Geschichte eines frommen Schulbuben. Der brachte eines Tages der Muttergottes und ihrem Kind in St. Maria im Kapitol einen Apfel mit, den er sich vom Munde abgespart hatte. Huldvoll neigte sich die Jungfrau zu Hermann-Joseph herab und nahm das Geschenk an.

Die Kölner haben von alters her ein zwiespältiges Verhältnis zum Wasser, vor allem, wenn es in zu großen Massen auftritt. Jedes Jahr mindestens einmal tritt der Rhein über die Ufer und richtet, je nach Heftigkeit, erheblichen Schaden und durch die Überschwemmung der Uferstraßen ein lästiges Verkehrschaos an. Man kennt sie, die Bilder aus den Zeitungen und dem Fernsehen, die so beliebt sind wie die Fotos vom verschneiten Markusplatz in Venedig: die Häuser der Altstadt bis zur ersten Etage umspült von braunen Wasserfluten. Anwohner versuchen mit Kähnen ihr Hab und Gut ins Trockene zu bringen, Wirte die teure Ausstattung ihrer Lokale zu retten. Und von dem Naturereignis angelockte Schaulustige klatschen dem Feuerwehrmann Beifall, der wie ein Flussgott mit einem winselnden Hündchen den Fluten entsteigt. Vor Kurzem wurde eine kilometerlange Mauer errichtet. Schön ist sie nicht, aber sie soll helfen, die Stadt vor den Fluten des Rheins zu schützen.

Maria Lyskirchen ist die Kirche der »Wassermänner«, der Schiffer und Fischer, die in ihrem Sprengel in den südlichen Ausläufern der Altstadt wohnten. In ihr versammelten sich der Legende nach in der Heiligen Nacht die in dem Jahr ertrunkenen Rheinschiffer zu einer letzten Christmette. Sie bitten um Gottes Gnade für die Anwohner der Flüsse und Meere, ehe sie am Ende der Messe mit dem Schleppschiff des Todes auf ihre letzte Reise gehen.

In der Nähe der Deutzer Brücke steht der Kölner Pegel, der Wächter über den Wasserstand des Rheins. Ein Stand von 3,50 Meter Mittelwasser ist für den Grundwasserspiegel, die weiße Flotte der Köln-Düsseldorfer und die Frachtschifffahrt ein idealer Durchschnitt. Ab zehn Meter ist Hochwasser und der Weg frei – erst für die Überschwemmung, später für den Schlamm und Dreck, den der Besuch von Vater Rhein überall hinterlässt. An den Wänden vieler Häuser sind die Höchststände mit Jahreszahl markiert.

Im Rekordsommer 2003 kam es zum entgegengesetzten Extrem. Mitten im August, nach Wochen ohne nennenswerte Niederschläge, wurde ein Pegelstand von nur 1,14 Meter gemessen, nur 31 Zentimeter mehr als der Tiefstwert von 1947. Bei solchem Niedrigwasser verengt sich die Fahrrinne der Schiffe dramatisch, die Fische, die im Rhein sowieso kein leichtes Leben haben, leiden unter akutem Sauerstoffmangel, und Bomben aus dem Zweiten Weltkrieg, Autowracks, Tresore und Kühlschränke tauchen aus den zurückweichenden Fluten auf. Aber wer seinen Urlaub zu Hause verbringt, freut sich: Vor allem am rechten Ufer treten lange Sandbänke hervor. Die Kölner haben, wenn auch nur vorübergehend, ihren eigenen Strand.

»Dat Wasser von Kölle is jot«, behaupten die städtischen Wasserwerke. Das klingt ein wenig trotzig und legt den Verdacht nahe, dass es einmal anders war. Im Mittelalter konnte es durchaus vorkommen, dass man gelegentlich eine tote Ratte beim Wasserschöpfen im Eimer mit hochzog. Aber auch in jüngerer Zeit war das Wasser, das in Köln aus der Leitung kam, in Verruf geraten. Zu viele Schwermetalle sollen über das Grundwasser in die Kochtöpfe und Zahnputzgläser gelangt sein. Seit den Achtzigerjahren ist das dank einer neuen Filteranlage besser geworden. 240 Liter Kölner Trinkwasser enthalten gerade mal so viel Nitrat wie ein einziger Kopfsalat.

Heute können also die Teilnehmer des Köln-Marathon nach getaner Arbeit getrost einen kräftigen Schluck aus der Leitung nehmen ohne ein Magengrimmen zu riskieren. Und was die Kochtöpfe anbelangt: in ihnen setzt sich

Schicht für Schicht der Kalk ab, den dat jode Wasser von Kölle noch im Übermaß enthält.

Auf dem Turm des Kölner Rathauses findet sich neben 123 anderen in Stein gehauenen die Figur einer gewissen Maria Clementine Martin. Sie war das, was man eine säkularisierte Nonne nennt. Zum klösterlichen Leben offenbar nicht berufen, wurde sie eine umso bessere Geschäftsfrau. 1826 preist sie ein »selbstgefertigtes Kölnisch Wasser« an, das sie später – jede Werbeagentur wäre stolz auf den guten Einfall – unter dem Namen »Klosterfrau Melissengeist« auf den Markt bringt. Der erfolgreiche Inhalt der blassblauen Flaschen ist weder ein Heil- noch ein Duftwässerchen, hat aber den soliden Ruf erworben, das allgemeine Wohlbefinden vor allem von Damen im fortgeschrittenen Alter zu heben.

Der erfolgreichste Exportschlager aus Köln aber wirbt mit einer vierstelligen Zahl. Um das Gewirr der Adressen vor allem für Ortsfremde übersichtlicher zu machen, nummerierten die Franzosen, die Köln besetzt hielten, 1796 alle Häuser der Stadt durch. Über die Tür des Stammhauses der Familie Mülhens, die nach »echtem Rezept« Kölnisch Wasser fabrizierte, schrieb ein französischer Kavallerist schwungvoll die Zahl 4711.

Wie viele andere Entdeckungen – von der Glasbläserei in römischer bis zu den Pasta-Gerichten der heutigen Zeit – verdankt Köln das Wunderwasser, das seinen Namen in aller Welt berühmt gemacht hat, ursprünglich einem Italiener. Der Einwanderer Giovanni Paolo de Feminis produziert Ende des 17. Jahrhunderts ein »aqua mirabilis«, wird ein vermögender Mann und erwirbt als solcher das Kölner Bürgerrecht.

Sein alkoholhaltiges Wässerchen soll, in kleinen Schlückchen getrunken, eine wundersame Heilkraft gegen Zahnschmerzen und Kopfweh entwickeln und im größeren

Schluck sogar gegebenenfalls gegen die Pest helfen. Zur bahnbrechenden Entdeckung kommt es jedoch erst nach dem Siebenjährigen Krieg. Die üblen Gerüche in der ziemlich heruntergekommenen Domstadt beleidigen, wie gesagt, die feinfühligen Nasen der französischen Besatzungsoffiziere. Um dem abzuhelfen, schnuppern sie an einem mit *aqua mirabilis* getränkten Tüchlein und nennen diese Essenz zum ersten Mal durchaus zweideutig »Eau de Cologne«.

Ich habe einige der blau-goldenen 4711-Fläschchen bis nach Japan getragen und war damit gut beraten. Um auf die unausweichlichen Gastgeschenke während der halb offiziellen Reise mit einer kleinen Gegengabe reagieren zu können, hatte ich 4711 und den Kölner Dom im Miniformat im Gepäck. Allein drei dieser Abgüsse schenkte ich am letzten Tag beim Besuch eines Tempels in Kyoto einem freudig sich verneigenden Mönch, die mitgebrachten 4711-Fläschchen hatten längst vorher begeisterte Abnehmer gefunden.

Wäre es üblich, Spaziergänge, Wanderwege und Radtouren zu bewerten wie Restaurants, so würde ich die folgende Fahrt am Rhein entlang mit drei Sternen auszeichnen: Man nehme sein Fahrrad (oder gehe zum Kölner Fahrradverleih in der Markmannsgasse), verstaue Proviant, ein Buch, bei sommerlichen Temperaturen eine Badehose und ein Handtuch auf dem Gepäckträger und schwinge sich in den Sattel.

Ich liebe es, gleich zu Beginn den Rhein auf der Severinsbrücke (es kann genauso gut die Rodenkirchner- oder die Südbrücke sein) Richtung Deutz zu überqueren. Vom Fahrrad aus nimmt man den Blick nach rechts in den Rheinauhafen oder nach links auf das Schokoladenmuseum mit dem markanten Malakoff-Turm und dann die leichte, elegante Wölbung der Brücke ganz anders wahr als die Autofahrer, die wegen eines stadtbekannten »Starenkastens« gebannt auf die Nadel ihres Tachometers schauen.

Den Deutzer Hafen, immer noch ein reines Fabrikbecken, das, bürgerfreundlich umgestaltet und für die Öffentlichkeit zugänglich gemacht, ein neuer Anziehungspunkt auf der »Schäl Sick« sein könnte, passiert man über eine alte, von einem Steuerhäuschen gekrönte Drehbrücke und biegt gleich darauf nach links in eine Allee ein, die man sich mit ein paar Autos und zahlreichen anderen Radsportlern, Joggern und Inlineskatern teilen muss. Hier beginnt unsere Tour.

Man radelt zunächst die Poller Wiesen entlang. Gegenüber, am anderen Ufer, liegt langgestreckt ein Wahrzeichen aus der Zeit vor dem Ersten Weltkrieg, »das Siebengebirge«, ein ehemaliges Lagergebäude, das den Spitznamen seinen charakteristischen Giebeln verdankt. Bei Wind – und der bläst hier häufig – ist das Ufergelände der Treffpunkt von Männern, die hier ihre Drachen steigen lassen. Renndrachen. Blitzschnell steigen sie auf, stehen den Bruchteil einer Sekunde in der Luft, dann ein Signal ihres Meisters mittels einer unsichtbaren Nylonschnur – und schon beginnt in Schleifen und Kapriolen ein Sturzflug, der erst Zentimeter über dem Boden abgefangen wird.

Aber wir wollen weiter. Eine Strecke von etwas mehr als elf Kilometern liegt vor uns.

Über die Südbrücke dröhnt ein nicht enden wollender Güterzug, zweistöckig beladen mit fabrikneuen Autos desselben Typs, sicher eine ganze Tagesproduktion von Ford, genug, um die Straßen einer Kleinstadt zu füllen. Es ist ein warmer, sonniger Tag, der Rhein glitzert, an seinem Ufer stolzieren in nicht immer friedlicher Koexistenz Möwen und Krähen herum, die einen wendiger, die anderen kräftiger, wenn es einen Futterbrocken zu verteidigen gilt.

Ungestört vom Brausen der Autobahn lagert eine Großfamilie unter der Rodenkirchner Brücke. Die Frauen in langen, großgeblümten Röcken schüren ein Feuer, auf dem

Berge von Fleisch gegrillt werden. Die Männer schauen mit feierlichem Ernst zu.

Wenn man etwas kräftiger in die Pedale tritt, gelingt es durchaus für einige Zeit auf einer Höhe mit einem durch die Last seiner Ladung tief ins Wasser gedrückten Frachtkahn zu bleiben, der sich gegen die Strömung mit der ganzen Kraft seiner Dieselmotoren stromauf kämpft. Da sind die weißen Ausflugsdampfer schneller; man lässt sie ziehen, der Loreley entgegen mit ihrer Schunkel- oder Disco-Musik an Bord.

Hinter Westhoven fließt der Rhein im Bogen, bildet ein Knie. Hier liegt Porz. Das Zentrum, von dem man allerdings auf der für Fußgänger und Radler reservierten Uferstraße außer ein paar höhergelegenen Villen nichts zu sehen bekommt, lohnt den Abstecher nicht. Auf dem Wasser gleiten zwei Paddler in ihren Booten, indem sie geschickt die Gegenströmungen zwischen den Buhnen nutzen, scheinbar mühelos flussaufwärts. Sie schrecken ein Entenpärchen auf, das empört schnatternd davonfliegt.

Zwar nicht in dem Hochgefühl, eine sportliche Hochleistung vollbracht zu haben, aber mit vielen schönen Bildern im Kopf kommt man nach etwa einer Stunde in Zündorf an. Wer nach seinen Bein- auch noch von seinen Armmuskeln Gebrauch machen will, kann sich für eine Partie auf einem romantischen, durch die Insel Groov vom Rhein getrennten Binnengewässer ein Ruderboot mieten. Ich lasse mich lieber in einem der drei Gartenlokale nieder, bestelle eingelegten Hering mit Bratkartoffeln und genieße die Unternehmung.

Später setze ich mit der Fähre nach Weiß über. Sie heißt »Krokodil«; die freundliche Fährfrau und ihr schweigsamer Mann nehmen das Fahrrad gegen ein geringes Aufgeld mit. Rund 100 000 Kilometer haben die beiden mit ihrem Boot zurückgelegt – mehr als zweimal um die Welt – und haben doch auf ihrer großen Fahrt nichts anderes zu sehen bekommen als die Pappeln auf dem rechten wie dem linken Ufer des Rheins.

Noch vor Rodenkirchen suche ich mir in einer der kleinen Sandbuchten einen ruhigen Platz und vertiefe mich in mein mitgebrachtes Buch. Ab und zu trabt in einiger Entfernung ein Hund vorbei. Ein Stück weiter planschen Kinder im seichten Wasser. Ein perfekter Sommerfrieden.

Auf dem Heimweg halte ich auf einen Milchkaffee bei der »Alten Liebe« an. Sie liegt fest vertäut und verankert am Ufer, nach einem verheerenden Brand sind alle Aufbauten neu. Unter der Sonnenterrasse gurgelt der Rhein.

Hochbefriedigt von meinem Ausflug, komme ich zu Hause an. Wie gesagt: drei Sterne und die Absicht, ihn so bald wie möglich zu wiederholen. – Oder ich radle zur Abwechslung einmal in der Gegenrichtung bis zur Flora, dem Banketthaus im Botanischen Garten, überquere die Zoobrücke, mache Rast im Rheinpark, fahre am Tanzbrunnen vorbei, trinke einen Cappuccino auf dem Messeturm und nehme den Heimweg über die Deutzer Brücke.

Am schönsten ist der Rhein von oben, vom Südturm des Doms oder von der Seilbahn aus, in deren Gondeln man zwischen Zoo und Claudius-Therme über den Rhein schweben kann. Bei seinem Anblick versteht man, warum dieser Strom immer wieder in Gedichten und Liedern besungen wurde. Majestätisch hat man ihn genannt. Ich finde zu Recht.

»Liebe deine Stadt«: Kolumba und der Rheinauhafen

Die Nord-Süd-Fahrt, eine vierspurige Verkehrsschneise mit Mittelstreifen, zerschneidet die Stadt, ist ein fast unüberwindliches Hindernis für Fußgänger, sie sollte in eine Grünfläche verwandelt oder doch zumindest in den Untergrund verlegt werden. Sie stammt aus einer Zeit, als die Stadtplaner vor allem ein Ziel vor Augen hatten: Köln »autogerecht« zu machen. An ihr hält sich kein Ladengeschäft, gibt es kein Café oder Restaurant, das im Sommer Tische auf den Bürgersteig stellt, niemand käme auf die Idee, an dieser Rennbahn entlangzuschlendern. Sie verhindert ein normales, urbanes Leben – darin sind sich heute alle einig.

Das Kernstück der Nord-Süd-Fahrt zwischen Komödienstraße und Schildergasse hat man Tunisstraße genannt. An ihrem südlichen Ende, ausgerechnet dort, wo es besonders schwerfiel, dem Aufruf zu folgen, stand auf einem Dach in übermannshoher Schreibschrift »Liebe deine Stadt« zu lesen. Ohne Ausrufezeichen, aber doch zu verstehen als Appell, sich mit Köln zu identifizieren.

Das Projekt, von der Kunststiftung und der Stadtbaukultur Nordrhein-Westfalen gefördert, will die Bindung der Kölner an ihre Stadt stärken. Als Reaktion auf den Schock, den 2002 der Abriss der Josef-Haubrich-Kunsthalle ausgelöst hat, und zwei Jahre später der Streit um den Plan, das von Wilhelm Riphahn gebaute Opernhaus abzureißen, kam es zu der Gründung des Vereins »Liebe deine Stadt«. Er hat ein eigenwilliges Ziel: Er will den Blick auf die Architektur der 1950er- bis 1970er-Jahre, die Bauwerke der Nachkriegsmoderne, lenken und zeichnet Gebäude aus diesen drei Dekaden mit einer Schleife in den Farben der Stadt aus.

Es gibt genügend Häuser in Köln, denen niemand nachweinen würde, wenn sie der Abrissbirne zum Opfer fielen. Hoffentlich sorgt »Liebe deine Stadt« dafür, dass es nicht die falschen sind.

Als 2001 im Neubau des Wallraf-Richartz-Museums die Bilder auf die oberen Etagen verteilt an den Wänden hingen, stellten Bauherr und Architekt, bald auch die Besucher fest, dass da im Erdgeschoss eine Eingangshalle von beträchtlichen Ausmaßen war, über deren Sinn und Zweck sich offensichtlich niemand Gedanken gemacht hatte. Eilig stellte man in ihre Mitte als einzige Möblierung einen Informationsstand auf, der die öde Leere des Raumes nur noch sichtbarer machte: Ungezählte Kubikmeter umbauter Museumsraum ohne ein einziges Kunstwerk. Die Botschaft hieß: »Hab Ehrfurcht vor der Architektur, sie konnte sich hier selbst verwirklichen.«

Dieser Anspruch, das Gehäuse zum Eigentlichen zu erklären, fehlt Kolumba völlig, dem 2007 eröffneten Kunstmuseum des Erzbistums Köln. Der Ort, auf dem es errichtet wurde, könnte geschichtsträchtiger nicht sein. Eindrucksvolle römische, romanische und gotische Fundamente, die Ruine der im Zweiten Weltkrieg zerstörten Kirche St.

Kolumba, aber auch die 1949 von Gottfried Böhm als ein Zeichen des Wiederaufbaus entworfene Kapelle »Madonna in den Trümmern« mit der wie durch ein Wunder unversehrten Marienfigur aus dem 15. Jahrhundert und dem Katharinenfenster von Georg Meistermann, hat Architekt Peter Zumthor in seine Planung einbezogen. Sein Bau aus ockerfarbenen Backsteinen ist eine lichte Burg mit zwei Türmen, von wehrhafter Wirkung, als wolle sie den kostbaren Exponaten in ihrem Innern Schutz vor der feindlichen Hektik und dem Lärm der Stadt bieten.

Der Architekt und seine kirchlichen Auftraggeber wollten nicht den spektakulären Auftritt, wollten nicht den Bilbao-Effekt – Zurückhaltung ist das Prinzip dieses Museumsbaus. Man betritt ihn durch eine Eingangstür, mit deren Maßen sich keine Bank und kein Möbelzentrum zufriedengeben würden, und gelangt durch ein spärlich beleuchtetes Foyer nur ein paar Schritte weiter in den ersten Ausstellungsraum mit einer Großplastik aus Ulmenholz von Felix Droese, deren Originaltitel »De drie naakte vrouwen« aus nicht ganz einsichtigen Gründen mit »Friesischer Gruß« übersetzt wurde. Jeder Besucher bekommt mit der Eintrittskarte ein übersichtlich gestaltetes Heftchen mit angenehm sachlich formulierten Informationen, das die üblichen, oft mühsam zu lesenden Schildchen mit Erläuterungen neben den Ausstellungsstücken ersetzt. Auf seiner Rückseite wird man ermahnt, beim Betreten und Verlassen der Ausstellungsräume vorsichtig zu sein. Grund sind die vom Architekten gewollten Stolperschwellen, die ähnlich wie die Hindernisse auf verkehrsberuhigten Straßen Entschleunigung und Aufmerksamkeit bewirken sollen.

Für die sechzehn Räume im ersten und zweiten Obergeschoss nehme ich mir eineinhalb Stunden Zeit. Das Nebeneinander von alter und moderner Kunst ist in einigen Fällen überraschend gut gelungen, z. B. in Raum 8, wirkt aber auch manchmal bemüht (wie in Raum 6, wo ein »Schlafender Petrus« aus Lindenholz, ein Meisterwerk, entstanden um 1510 am Oberrhein, sich neben einer Vitrine mit Radio- und Fernsehgeräten behaupten muss) oder überflüssig (wie in dem großen, spärlich bestückten Raum 13, in dem beim besten Willen kein Konzept für die Zusammenstellung aus Alt und Neu erkennbar ist).

Sonderausstellungen neben der ständigen Sammlung sind in Kolumba nicht vorgesehen; stattdessen werden jedes Jahr am 14. September, an dem Tag, der an die Auffindung des Kreuzes Christi erinnert, Exponate ausgetauscht. Der erste Wechsel hat bereits stattgefunden. Neu zu sehen sind unter anderem Paul Theks an der Decke hängender »Fishman in Excelsis Table« (in Raum 18) und die verspielte »Kugelbahn« von Manos Tsangaris (in Raum 12).

Nach dem Rundgang hätte ich mich gern in den stillen Innenhof gesetzt. Er ist mitten in Köln ein Hortus conclusus, mit welligem Boden und elf zierlichen Bäumen, so als stände jeder für tausend der jungfräulichen Begleiterinnen der heiligen Ursula. Aber die Tür zum Hof war verschlossen, nasse Schuhsohlen oder hereingewehte Blätter könnten – so wurde mir gesagt – im Foyer unerwünschte Spuren auf dem hellen Terrazzoboden hinterlassen.

Krönender Abschluss wurde für mich die von Peter Zumthor errichtete, von schlanken Säulen getragene Halle über den Grundmauern zahlreicher Vorgängerbauten. Geradezu andächtig geht man auf der Zickzackbrücke aus rotem Holz über die Zeugnisse aus der frühen Geschichte Kölns. An deren Ende erreicht man einen zweiten, kleineren Außenraum, den der Besucher auch bei schlechtem Wetter betreten darf: Es ist die ehemalige Sakristei von St. Kolumba.

Erwähnt sei noch eine sympathische Besonderheit: Das Museum hat keine Cafeteria, dafür aber ein mit Mahagoniholz getäfeltes, mit von Zumthor selbst entworfenen Sesseln und Tischen ausgestattetes Lesezimmer. Dort liegen der Katalog, die Werkhefte und Bücher der hauseigenen Schriftenreihe aus.

Georg Baselitz hat einmal seine Vorstellung von einem idealen Museum formuliert: Es solle ein »Bewahrort von Kunstwerken« sein, »in dem die Betrachtung derselben in einfacher, vollständiger, ungehinderter und unprätentiöser Weise möglich sein muss«. Ein solches Museum hat Peter Zumthor geschaffen, um einen so gearteten »Bewahrort« ist Köln seit September 2007 reicher. Vier Jahre hat die Entwurfsentwicklung und fast fünf Jahre die Realisierung in Anspruch genommen. Aber der Zeitaufwand hat sich gelohnt: 150 000 Besucher hat das Kolumba im ersten Jahr angezogen.

Spät, viele Jahre nach Städten wie Hamburg oder Düsseldorf, hat Köln seinen Hafen entdeckt. Die »neue In-Meile«, wie eine Werbebroschüre das zwei Kilometer lange und 200 Meter breite Areal zwischen Hafenamt und KAP am Südkai nennt, war bis vor fünfzehn Jahren Sperrgebiet. Auch als er nach dem Zweiten Weltkrieg seine Bedeutung für die Binnenschifffahrt zusehends verlor und verödete, blieb den Kölnern der Zutritt zum Rheinauhafen verboten. Zehn Jahre, nein vierzig Jahre sollten mit Streitereien über eine sinnvolle Nutzung des Geländes vergehen, ehe endlich 2002 Oberbürgermeister Schramma grünes Licht für eine Bebauung des 154 000 Quadratmeter großen Streifens am Rheinufer geben konnte.

Im August 2008 wurde die Eröffnung des ersten Bauabschnitts gefeiert, das Interesse war groß, fast 200 000 Besucher kamen. »Ein wahres Juwel«, schwärmte der OB und die Presse bejubelte das »86. Veedel« der Stadt.

Ein Veedel? Für den Rheinauhafen haben international

bekannte Architekten Entwürfe geliefert. Einige sind architektonisch attraktiv und können sich mit den Neubauten anderer Städte messen, wie z. B. die »Wohnwerft« vom Kölner Team Bernd Römer und Partner oder das Gebäude von Microsoft. Das »Siebengebirge«, ein 1909 erbautes Lagerhaus, wurde aufwendig saniert und mit 138 Einheiten zu einem der größten Wohnhäuser Kölns ausgebaut. Auch die anderen historischen Bauten: das Hafenamt mit seinem Uhrenturm, das Krafthaus, der ehemalige Lokschuppen, der Bayenturm mit dem Feministischen Archiv und Dokumentationszentrum, das Silo 23, das in letzter Minute vor dem Abriss bewahrt werden konnte, das Rheinkontor und die Bastion sind angemessen in die Gesamtplanung integriert und die Katharina-Schauberg-Promenade mit Blick bis zum echten Siebengebirge lädt zum Flanieren direkt am Rhein ein.

Aber die Parade von Alt- und Neubauten bildet kein urbanes Ensemble, erneuert und hingestellt das Ganze, aber nicht gewachsen. Für Normalverdiener sind die Wohnungen unerschwinglich, zwischen 3200 und 7800 Euro kostet der Quadratmeter. Kalt und unpersönlich empfinden Familien mit Kindern die Atmosphäre, die Spielplätze auf der Rückseite werden ungenutzt bleiben. Keine Kneipe, kein Supermarkt, kein Obst- oder Gemüseladen, kein Kiosk – nein, ein kölsches Veedel ist das nicht!

Im neuen Rheinauhafen bleiben die Wohlhabenden unter sich. Von Südstadt und Severinsviertel sind sie durch den Gleiskörper der Straßenbahn und die vierspurige Uferstraße abgeschnitten. Wenn sie spazieren gehen wollen, werden sie ihr Auto aus der mit 1,6 Kilometern längsten Tiefgarage Europas holen, aber nicht an den sommerlichen Grillpartys im gegenüberliegenden Römer- und Friedenspark teilnehmen. Die Studenten der Fachhochschule werden nicht in die teuren Restaurants im Hafen kommen und der Pfarrer von St. Severin nie einen Bewohner des Rheinauhafens in seiner Kirche erblicken. Nirgends in Köln liegen zwei so unterschiedliche Welten so nah getrennt nebeneinander.

Gut, dass es rund ums »Siebengebirge« keine verfallenen Anlagen mehr gibt, die als Kulisse für Kriminalfilme dienen können; gut, dass ein neuer Stadtteil entstanden ist. Die Kranhäuser von Hadi Teherani werden die Silhouette Kölns mit Dom, Groß St. Martin und den niedlichen Häusern der Altstadt durch einen modernen Akzent ergänzen. Und den Planern und Investoren bleibt eine ähnlich lohnende Aufgabe: der Deutzer Hafen gegenüber auf der anderen Rheinseite. Wenn man sich die hässliche Mehlfabrik Aurora und den anschließenden Schrottplatz wegdenkt, könnte dort ein wunderschöner Park entstehen, bepflanzt mit den Bäumen, die im Rheinauhafen die strengen architektonischen Linien der Neubauten nicht stören durften. Dort wird man viele Bänke aufstellen, von denen aus man den schönsten Blick auf das linksrheinische Köln zwischen Deutzer und Rodenkirchener Brücke haben wird.

Monte Troodelöh: Gipfelsturm auf 120 Metern über NN

Dreieinhalb Jahrzehnte habe ich in Forsbach gewohnt und nicht geahnt, dass ich dem höchsten Punkt Kölns so nahe war. Ich bin auch nicht auf den Gedanken gekommen, dass es einen solchen Punkt überhaupt geben könnte, noch dazu im Königsforst, den ich von unzähligen Ausflügen so gut kenne wie meine Westentasche.

Offen gesagt, mit einer Höhe von nicht einmal 120 Metern über NN hätte er mich auch weiterhin nicht sonderlich interessiert; wenn da nicht an einem grauen, verregneten Nachmittag dieser Anruf gewesen wäre.

Eine Frauenstimme. Sie nannte ihren Namen. Ich erinnerte mich nicht. Doch, doch, wir hätten uns bei einer Buchvorstellung kennengelernt und danach im »Bieresel« im kleinen Kreis Muscheln zusammen gegessen. Ich hörte ihrer Stimme an, dass sie mich gleich um etwas bitten würde.

»Ich schreibe an einem Buch«, sagte sie, »an einem Köln-Krimi. Gerade sitze ich an der Schlüsselszene, dem Mord an einer jungen Frau mit zweifelhaftem Ruf.« Jetzt bekam ihre Stimme einen verschwörerischen Ton. »Ich stelle mir vor, dass die schrecklich zugerichtete Leiche am höchsten Punkt Kölns gefunden wird. Sie sind der Erste, dem ich meinen Plan anvertraue.«

Sie rief von einer Pension in Tirol aus an und wollte wissen, ob ich ihr als Anwohner des Königsforstes den Tatort beschreiben könnte. Nein, es tat mir leid, ich konnte es nicht. »Man nennt ihn den Monte Troodelöh«, hörte ich sie sagen, »es soll dort einen Stein geben mit Gipfelbank und Gipfelbuch, so viel konnte ich herausfinden. Aber wie ist die Atmosphäre, die Stimmung an dem Platz? Eignet er sich für einen Mord?«

Als ehemaliger Verleger reagiert man geduldig, wenn Autoren Bitten äußern, vor allem, wenn sie nicht finanzieller Natur sind. Schließlich erklärte ich mich bereit, den höchsten Punkt in Augenschein zu nehmen, um ihr eine möglichst genaue Beschreibung der Örtlichkeit zu liefern. »Würden Sie das wirklich tun? Ich werde Sie in die Danksagung aufnehmen.«

Wie gesagt, es war ein grauverhangener Tag. Mordswetter. Aber es hatte aufgehört zu regnen. Den höchsten Punkt Kölns hatte ich auf einer Karte gefunden. Er musste irgendwo zwischen dem Pionier-Hüttenweg und Kettners Weiher liegen.

Der Königsforst war an diesem Nachmittag menschenleer, wie ausgestorben. Ich nahm per Fahrrad die Route über den Rennweg Richtung Bensberg. Ein unangenehmer Wind kam auf, der mir von den Ästen dunkler Fichten dicke Wassertropfen ins Gesicht blies.

Ich fand den Punkt. Man erkennt ihn an dem von der Forstverwaltung gestifteten Felsbrocken, daneben wartet auf den Bergsteiger eine »Gipfelbank«. Ich setzte mich und sah mich um. Eine Frauenleiche, die schon angefangen hatte, meine Fantasie zu beschäftigen, war nicht zu erblicken. Aber, immerhin, nur ein paar Schritte entfernt hing im

Gebüsch ein Fetzen Stoff, womöglich ein Stück Damenbekleidung.

Ich erstattete der angehenden Autorin umgehend Bericht. Welche Farbe der Stofffetzen hatte, wollte sie wissen. »Ein verwaschenes Blau? Das werde ich einarbeiten!« Sie bedankte sich überschwänglich.

Ein Krimi mit einem Mord am höchsten Punkt Kölns ist meines Wissens bisher nicht erschienen.

Ich wohne längst nicht mehr in Forsbach. Aber manchmal zieht es mich noch in den Königsforst, auf die altbekannten Wege. Und komme ich in die Gegend von Kettners Weiher, dann radle ich zurück über den »Monte Troodelöh«, dessen Erstbesteigung eine Karnevalslaune seiner drei Namensgeber war. Beim nächsten Mal werde ich mich endlich ins Gipfelbuch eintragen.

Die Schäl Sick oder Die Vororte am anderen Ende der Rheinbrücken

Das Gerücht hält sich hartnäckig: Es soll sie geben, die »Schäl Sick«. Gemeint sind Deutz, Kalk, Mülheim und Merheim, Stadtviertel mit eigener Geschichte und Entwicklung, die nur eines gemeinsam haben: dass sie vom Dom aus gesehen auf der anderen Rheinseite liegen. Was an ihnen »schäl« sein soll, ist schwer erfindlich. Ihre Bewohner sind vollwertige Kölner wie die Ehrenfelder oder die Bayenthaler.

Bis heute gilt es nicht als chic auf der »Schäl Sick« zu wohnen. Da sind uralte historische Vorurteile am Werk. Für die Römer lag das Kastell Divitia, von dessen Name sich »Deutz« ableitet, im Barbarenland, für die Bewohner des »hillige Coellen« hausten da drüben in den Wäldern die Heiden, und der Stadtrat warnte 1596 die achtbaren Bürger vor »Saufereien im ausländischen Deutz«, damals ein reiner Vergnügungsvorort von zweifelhaftem Ruf mit Schenken, in denen sich die Kölner bei Wein, Weib und Gesang amüsierten. Viel später noch, als Deutz, Kalk, Mülheim und Merheim längst eingemeindet waren und sich mit zu den wichtigsten Industriestandorten im Rheinland entwickelt hatten, wurde von Kölns Oberbürgermeister Konrad Adenauer kolportiert, dass für ihn in Deutz der Bolschewismus beginne und hinter Bensberg die Walachei. Er war sicher nicht der Einzige, der so dachte.

Während sich das linksrheinische Köln bis ins Jahr 1881 hinter seinen mittelalterlichen Stadtmauern verschanzte, ließ es – vermutlich aus Konkurrenzdenken – nicht zu, dass sich die Ortschaften drüben am anderen Ufer durch Befestigungen jedweder Art vor Überfällen schützten. Unzählige Plünderungen von räuberischen Banden und feindlichen Truppen waren die Folge. In diesem unsicheren Gelände ließen sich nur die nieder, für die in der Bischofsstadt kein Platz war: die aus dem Linksrheinischen vertriebenen Juden, die im katholischen Köln unerwünschten Protestanten und eben die Schankwirte, deren lautstarkes Gewerbe man auf Distanz halten wollte.

Die Verhältnisse änderten sich erst um die Mitte des 19. Jahrhunderts. Mit der Gründung der Cöln-Mindener-Eisenbahn-Gesellschaft, die ein erstes Teilstück von Deutz nach Elberfeld 1845 eröffnete, erlebte die »Schäl Sick« einen rasanten Aufschwung. Mülheim entwickelte sich durch seine verkehrsgünstige Lage am Rhein und durch reichlich vorhandene preiswerte Freiflächen zu einem attraktiven Standort für die Ansiedlung von großen Industriebetrieben. Felten und Guilleaume mit seiner Kabelproduktion, die Chemische Fabrik Kalk, Klöckner-Humboldt-Deutz für Motoren- und Maschinenbau und viele andere waren im Rechtsrheinischen ansässig und machten sich in der Welt einen Namen.

Die Zeit der Treidelpferde, die Lastkähne rheinaufwärts gegen die Sonne zogen und die – so heißt es – unter ihren Scheuklappen zu schielen anfingen, gehört längst der Vergangenheit an. Kein Kölner beäugt heute missgünstig die Vororte am anderen Ende der Rheinbrücken, wenn dort mehr Baukräne stehen als auf der Dom-Seite. Die Messe hat sich im Laufe der Jahre durch Neubauten vergrößert, 1999 wurde die Köln Arena eingeweiht und das Technische Rathaus von einem Teil der Verwaltung bezogen, das »kleine Pantheon am Rhein«, der Kuppelbau des Deutzer Bahnhofs soll zum ICE-Knotenpunkt ausgebaut und die Köln Arkaden ein neuer Anziehungspunkt für Kaufwillige der ganzen Stadt werden, und eines Tages wird auch der Streit um die Höhe der Gebäude beigelegt sein, die in gebührendem Abstand vom Dom auf der »Schäl Sick« stehen.

Die Fabrikanlagen der Gründerzeit wurden größtenteils abgerissen. Von der Chemischen Fabrik Kalk blieb allein auf weitem Feld ein Wasserturm übrig. Und auf dem ehemaligen Werksgelände von Klöckner-Humboldt-Deutz ist nur noch wenig von seiner industriellen Vergangenheit zu entdecken.

Dabei haben Industrie- und Zweckbauten aus der zweiten Hälfte des 19. Jahrhunderts einen ganz besonderen Reiz. Ob Markt- oder Bahnhofshallen, ob Lager- oder Fabrikationsgebäude, ob Elektrizitäts- oder Wasserwerke – die Errungenschaften neu entwickelter Techniken bekamen damals attraktive Gehäuse. Die Architektur, der es in der Gründerzeit nicht gelang, für Wohnhäuser eine moderne Formensprache zu entwickeln, hat bei zweckbestimmten Gebäuden mit neuen Materialien, mit neuen Dimensionen und Spannweiten, bei neuen statischen Erfordernissen einen vielfältigen Erfindergeist entwickelt. Über schweren Fundamenten, getragen von massiven Zwischendecken erheben sich Konstruktionen von einer häufig grazilen Leichtigkeit.

In der Direktorenvilla manifestierte sich mit ausholenden Auffahrten, pompösen Säulenportiki, angesetzten Erkern und Türmchen und anderem aufwendigen Firlefanz der Repräsentationswille der Zeit. Das Verwaltungsgebäude war noch Teil der »Vorzeigearchitektur«, die Werkhallen aber dienten nicht der bürgerlichen Selbstdarstellung. Sie sollten sach- und kostengerecht ihre Aufgabe erfüllen. Gerade diese funktionale Sachlichkeit macht sie heute interessant.

Ein Überbleibsel, ein »Juwel der Industriearchitektur«, steht gut versteckt auf einem schwer zugänglichen, aber historischem Gelände: die Möhring-Halle in Köln-Deutz. Auf dem Areal an der Deutz-Mülheimer Straße baute Nikolaus August Otto seit 1869 die nach ihm benannten Verbrennungsmotoren. Die Halle, von dem Berliner Architekten Bruno Möhring als Stahlfachwerkbau entworfen, stand zunächst auf der »Industrie-, Gewerbe- und Kunstausstellung für Rheinland, Westfalen und benachbarte Gebiete« von 1902 in Düsseldorf, wurde nach Ende der Messe in Einzelteile zerlegt, nach Köln transportiert und auf dem Werksgelände der Gasmotorenfabrik Deutz in etwas schlichterer Form wieder aufgebaut.

Noch vor 20 Jahren wurden in Köln architekturgeschichtlich ähnlich bedeutende Zeitzeugen, die Maschinenhäuser der Schokoladenfabrik Stollwerck in der Südstadt, abgerissen. Heute hat sich Gott sei Dank das Bewusstsein verändert. Das Rheinische Amt für Denkmalpflege will die Möhring-Halle schützen. Restauriert wie das E-Werk in Mülheim, gäbe sie als weitere Aufwertung der »Schäl Sick« einen attraktiven Veranstaltungssaal ab.

Von der Liebe zum Veedel

Spät, erst im 19. Jahrhundert, hat Köln den Gürtel der mittelalterlichen Befestigungsmauern gesprengt, der Mutter Colonia längst schon viel zu eng um die Taille lag. Während eines Baubooms ohnegleichen entstand vor den alten Toren in nur wenigen Jahrzehnten ein Kranz von neuen Vierteln: Arbeitersiedlungen, Karrees mit Handwerksbetrieben in den Hinterhöfen, Häuserzüge mit neogotischen oder pseudoromanischen Fassaden für das zu Geld gekommene mittlere Bürgertum und vor allem im Süden die Villen und Gärten der Hautevolee. Diese Viertel – nicht das Zentrum, nicht die Altstadt – machen den besonderen, den unverwechselbaren Charakter von Köln aus.

Die Stadtteile sind in Köln Teilstädte. Für den Nicht-Kölner sind ihre Eigenheiten schwer zu durchschauen. Die Kölner nennen das heimelige Biotop, in dem sie sich niedergelassen haben, liebevoll »Veedel«, wobei der damit engverbundene Gemütswert in der wörtlichen Übersetzung nicht zum Ausdruck kommt.

Manche verbringen ein ganzes Leben in dem Veedel, in

das sie hineingeboren wurden. Man ist Bayenthaler, Raderberger, Brauns- oder Ehrenfelder, Nippesser oder Lindenthaler aus Überzeugung, schimpft über dies und das, lässt aber in Gegenwart anderer auf sein Veedel nichts kommen.

Ein Kalker fährt eher einmal nach Leverkusen oder Bergisch Gladbach als nach Sülz. Und umgekehrt war so mancher Sülzer seinen Lebtag freiwillig nie in Kalk. Wer das Vringsveedel liebt, zieht nicht gern ins Agnesviertel. Und für die einen wie die anderen kommt das Belgische Viertel nicht infrage. Ein Freund von mir ist kürzlich aus der Südstadt ins Eigelsteinviertel umgezogen. Er hatte gute Gründe, und doch war es eine Umstellung für ihn. »Umtopfen« nennen das die Gärtner. Die Pflanzen erleiden dabei meist einen gelinden Schock.

Auch andere Orte haben Stadtteile mit besonderen Traditionen. Schwabing beispielsweise ist geprägt von der Münchner Universität und wurde bekannt durch seine Boheme, seine Künstler und deren Feste. In Köln hat es Künstler-, Schriftsteller- oder Musikerkolonien dauerhaft nie gegeben. Sie leben über die ganze Stadt verteilt; sie haben sich da niedergelassen, wo ein größerer Raum als Atelier zu haben war, wo sie ungestört arbeiten konnten oder wo ganz einfach die Mieten günstig waren.

Das Gleiche gilt für die weniger musisch begabten Berufsgruppen, wie auch für die Mitbürger ausländischer Herkunft aus allen Teilen der Welt. 300 000 Kölner haben einen Migrationshintergrund, junge und alte, perfekt und schlecht Deutsch sprechende, arme und wohlsituierte, solche mit und solche ohne Heimweh. Sie gehören, wie die anderen Bewohner auch, in das Viertel, in dem sie eine Wohnung oder ihren Arbeitsplatz gefunden haben, in dem sie ein Geschäft aufmachen konnten. In Köln gibt es kein türkisch Harlem.

Meine Gemüsefrau gehört zu der Sorte Kölnerin, die ihr

Viertel oft wochenlang nicht verlassen. Ein paar Mal um die Ecke findet sie alles, was die Familie zum Leben braucht, die gesamt Infrastruktur einer Kleinstadt, von der Eisdiele bis zur Bücherei (von denen die Stadt Köln allerdings etliche geschlossen hat; die Einsparungen sind minimal und haben den Schuldenberg nicht verringert), von der Änderungsschneiderei bis zu den vielen Kiosken und Büdchen, in denen man sich auch noch später am Abend mit dem Nötigsten versorgen kann. Manche Viertel haben sogar noch ein öffentliches Bad, wie Nippes, Mülheim und Zollstock, und die Südstadt verfügt über ein Etablissement in einem besonders wenig einladenden Haus, das meine Gemüsefrau nie eines Blickes würdigen würde. Es heißt »Acapulco« und ist ein Puff.

Die Liebe zum Gewohnten und Vertrauten macht den Rest der Stadt entbehrlich. Die Kölner fahren in die Innenstadt nur bei Bedarf, manche nur dann, wenn es sich partout nicht vermeiden lässt: zum Schlussverkauf in die großen Kaufhäuser oder zum Hauptbahnhof, um einen Verwandten abzuholen. Von Zeit zu Zeit mag sie auch das unbestimmte Gefühl beschleichen, die Welt in Gehnähe habe etwas Beengendes, ja geradezu Kleinkariertes. Getrieben von einer Sehnsucht nach Großstadt fahren sie dann in den Cinedom oder zum Tanzbrunnen oder – wenn kulturelle Bedürfnisse aufkommen – zu einem Konzertabend in der Philharmonie, zu einer im »Stadt-Anzeiger« gelobten Ausstellung in einem der Museen oder zu einer Veranstaltung im Literaturhaus.

Die Kölner pflegen zur Innenstadt ein ambivalentes Verhältnis. Sie ist das Zentrum und macht Köln erst zur Großstadt. Aber aus der Sicht des Viertels ist sie der Bereich der Banken und Versicherungen, der Ämter und Gerichtsgebäude, der Hotelkästen, die man nie betritt, und der viel zu teuren Parkhäuser. Köln City ist der Ort, an dem Stadtpolitik mit Entscheidungen gemacht wird, über die sich beim abendlichen Kölsch in der Eckkneipe trefflich streiten lässt. Und in der City steht das Gebäude, das die Kölner aus einem tief verwurzelten Misstrauen gegenüber der Obrigkeit für das Überflüssigste überhaupt halten: das Finanzamt.

Die Verwurzelung der Kölner in den verschiedenen Vorstadt-Biotopen entzieht der Innenstadt etwas ganz Entscheidendes: Geborgenheit und Wärme. Diese Qualitäten, die das städtische Leben erst erträglich machen, fehlen weitgehend. Die Oberbürgermeister und mit ihnen die Ratsmitglieder kamen und gingen, aber sie alle haben sich nicht erfolgreich bemüht, das Zentrum von Köln für seine Bürger in einem urbanen Sinne bewohnbarer zu machen.

»Köln ist einmalig.« Das sagt Albert Speer, Architekt und Stadtplaner, der 2007 von der Kölner Wirtschaft beauftragt wurde, einen städtebaulichen Masterplan für Köln zu entwerfen. Dessen Ziel ist es, eine Vision zu schaffen, ein »anpassungsfähiges Instrument, das als Leitlinie eines andauernden Prozesses fortgeschrieben und weiterentwickelt werden kann«.

Sein Eindruck nach einer ersten Analyse der Kölner Gegebenheiten: »Es ist eine umwerfend lebendige und dynamische Stadt, aber eben auch eine echte Chaos-City.« Wer nach Köln zieht, muss sich an dieses Chaos erst mal gewöhnen, wird ihm nach einiger Zeit sogar einen gewissen Charme abgewinnen können, er wird das Unprätentiöse, die Offenheit dieser Stadt schätzen lernen. »Ich bin nirgendwo jemals so gut aufgenommen worden wie in Köln«, sagt Speer.

Dagegen steht: Köln ist keine schöne Stadt. Zu schrecklich waren die Wunden, die ihr die Zerstörung des Zweiten Weltkriegs geschlagen haben; zu verheerend die Bausünden der Fünfzigerjahre. Ich könnte einen Besucher so vom Severins- bis zum Eigelsteintor führen, dass er nicht ein Gebäude zu Gesicht bekommt, das man als »schön« bezeichnen würde. Die Ringe, als ein Alt- und Neustadt verbindender Boulevard geplant, sind zur Durchfahrtsstraße verkommen. Die meisten der über einhundert Plätze der Innenstadt, auf denen sich einst das öffentliche Leben der Bürger abspielte, wurden dem Verkehr geopfert, d. h. entweder in Fahrbahnen zerlegt oder mit Autos zugeparkt. Die Gleiskörper der Straßenbahn, schmutzig und ungepflegt, stellen für den Fußgänger schwer zu passierende Barrieren dar. Köln kann stolz sein auf seine schönen Rheinbrücken, aber ihre Zu- und Ableitungen haben die Anmutung von Autobahnauffahrten. Die Vielzahl an romanischen Kirchen ist absolut einmalig, sie wurden nach dem Krieg wieder aufgebaut und sind in einem guten Zustand, aber das Umfeld lässt bei einigen zu wünschen übrig, sie haben im Bild der Stadt nicht den Platz, der ihnen gebührt. Die Ausschachtungen der Nord-Süd-U-Bahn haben jahrelang ganze Straßenzüge in Großbaustellen verwandelt und Anwohner und Geschäftsleute zur Verzweiflung gebracht. »Die Kölner brauchen eine Ruhepause«, erkennt Albert Speer.

Sein Masterplan, an dem er ein Jahr gearbeitet hat, wurde im November 2008 der Öffentlichkeit vorgestellt. Es ist der erste umfassende Entwurf seit Anfang der 1920er-Jahre. Er enthält Anregungen zur Gestaltung ausgewählter Orte, insgesamt sind es 70 Verbesserungsvorschläge, wie in den nächsten 15 Jahren die City attraktiver werden könnte. Sein Zukunftskonzept sei ein »Regiebuch« für die verantwortlichen Stadtplaner, sagte Speer bei der Präsentation. Sein Leitgedanke: den Rhein als zentralen Raum für Köln zu erschließen. Ein architektonisch einheitliches Bild kann er freilich der Stadt nicht verordnen. Aber wenn es gelingt, durch seine Ideen und Vorschläge urbane Qualitäten, die

Köln einst hatte, zurückzugewinnen – die Bürger würden es ihm danken.

In der Fremde ist jeder echte Kölner bereit, den Treueschwur zu schwören: »Ich mööch zo Foß noh Kölle gon!« Von einer Reise zurückgekehrt, treten ihm beim Anblick des Rheinpanoramas die Tränen der Rührung in die Augen, aber er fährt dann auf dem schnellsten Weg nach Hause, in sein ureigenes Veedel.

Südstadt und Vringsveedel, Ehrenfeld und Chinesen-Viertel: Zwei Rundgänge

Die Südstadt ist kein Ortsteil im Sinne der Stadtverwaltung. Ihre Grenzen sind fließend wie die des Rheinlandes; würde man zehn ihrer Bewohner bitten, sie auf einen Stadtplan einzuzeichnen, es kämen sicher nicht zehn deckungsgleiche Umrisse zustande.

In der Südstadt gab es Straßen, die bis in die Nachkriegszeit hinein ihren kleinstädtischen Charakter bewahrt haben. Man wusste, wer im Haus gegenüber und wer gleich um die Ecke wohnte. Beim Einkaufen grüßte man sich und hielt mit dem Nachbarn ein Schwätzchen. In den Hinterhöfen gab es noch kleine Handwerksbetriebe, und in den Toreinfahrten spielten Kinder. Wenn einer sich ein Auto anschaffte, staunte die ganze Straße, dass der sich das leisten konnte. Die Wohnungen waren meist in schlechtem Zustand, dafür waren die Mieten niedrig, und es blieb mehr Geld für den Sonntagsbraten.

Dann begann die Renovierungswelle. Mehr und mehr Häuser wurden saniert. Ihre Fassaden erstrahlten in neuem Glanz und die Preise stiegen. Die Südstadt war »in«. Den

Höhepunkt ihrer Attraktivität – aber auch ihrer Wohnungsmieten – hat die Südstadt in den Achtzigerjahren erlebt. Wer auf Wohnungssuche war und es sich leisten konnte, zog hin. Szenelokale machten auf und zogen Abend für Abend ein lärmendes Publikum an, darunter viele Fahrer gespoilter und getunter Autos aus dem Kölner Umland. Die Alteingesessenen zogen sich in die traditionellen Kneipen zurück, deren Namen schon Vertrautheit und Geborgenheit verheißen: »Bei Trude« oder »Mainzer Hof« oder »Früh am Veedel«. Viele der sozial Schwachen und der älteren Leute waren jedoch die Leidtragenden der neuen Entwicklung. Etliche mussten wegziehen.

Wolfgang Niedecken hält in einem Liedtext dem »ahl Mädche« den Spiegel vor: »Dat drinn ess, dat dich wer op vornehm dressiert, jed einzelne Lachfalt kosmetisch verschmiert, dat nervt mich.« Und weiter: »Mit dingem Parfüm uss Asphalt un uss Schwieß wooste wirklich do selfs, och wenn de hück jähn so deiß, als wöör dir alles dat peinlich.«

Dieter Wellershoff wohnt in der Mainzer Straße, seit Langem schon, das Viertel ist sein Biotop geworden. In »Nachtspaziergänge in der Südstadt« hat er mit mildem Blick sein Revier beschrieben, »das ich durchstreife, ähnlich wie ein Tier sein Territorium«. Hier kann man gut leben und arbeiten: »Ich vermag nicht zu sagen, woran es liegt. Ist es der lebenspraktische Realismus der Kölner, ihre Neigung, schwierige Situationen lieber mit Kompromissbereitschaft als mit Prinzipien zu begegnen? Ist es vielleicht ihre historische, im Umgang mit fremden Menschen gewachsene Toleranz oder auch Gleichgültigkeit, die jedermann als ganz selbstverständlich seine Verschrobenheit zubilligt?«

Am Morgen ist die Kölner Südstadt am schönsten. Der Tag ist noch neu und unverbraucht; er ist noch gut für Überraschungen. Vorne auf der Vorgebirgsstraße braust der

Verkehr, er drängt aus der Stadt heraus und in sie hinein, aber in den Nebenstraßen kehrt jetzt Ruhe ein.

Der Volksgarten hat einen betriebsamen Nachmittag und einen langen Abend mit Beachball-Turnieren, Grillpartys mit gekühlten Pittermännchen, kleinen Saufgelagen auf den einschlägigen Bänken und großem Hundetreff hinter sich. Jetzt wird aufgeräumt, Bierdosen und Plastiktüten werden eingesammelt, die überquellenden Mülleimer geleert. Am Teich putzen die eitlen Erpel ihr türkisglänzendes Gefieder, auf dem Spielplatz räumt eine Schar Spatzen die Keksreste ab, am Eingang des Parklokals beschriftet die Chefin die schwarze Tafel neu. Heute gibt es Bratwurst mit Kraut.

Einer meiner Lieblingsplätze ist der Rosengarten am Fort Paul aus der Preußenzeit. Er liegt etwas erhöht in der äußersten Westecke des Volksgartens und ist eine Oase. Das Rattern der Güterzüge, die Richtung Südbrücke fahren, der Autolärm von der Eifelstraße und die Stimmen der Kinder vom Spielplatz hört man hier nur gedämpft, gefiltert durch einen Kranz alter Bäume. Wenn ich ungestört lesen will, ziehe ich mich in den Rosengarten zurück. Auf einer der im Halbkreis aufgestellten Bänke findet sich immer ein Platz. Auf die zweite von links scheint die Sonne am Nachmittag am längsten. Dort habe ich von Martin Stankowski, der wie kein anderer mit Witz, Zuneigung und scharfem Blick über Köln geschrieben hat, einen kurzen Text über den Volksgarten gelesen, dessen Inhalt ich hier kurz wiedergeben will.

Betritt man den Volksgarten vom Eifelplatz her, so kann man nicht weit vom Teichufer, zurückgesetzt unter Bäumen und von den Passanten unbeachtet, einen Sockel aus rötlichem Marmor mit Lorbeerkranz und der Aufschrift finden: »Wilhelm Kaesen – ihrem verdienten Bürger – die Stadt Köln 1891«. Darüber eine überlebensgroße Bronzebüste mit dem heroischen Gesichtsausdruck der Zeit. Ein Hinweis auf die Verdienste des Geehrten fehlt.

Wer war dieser Kaesen? Mein Gewährsmann hat in den Annalen der Stadt gesucht und Folgendes in Erfahrung gebracht: Wilhelm Kaesen wurde 1816, also ein Jahr nach Beginn des preußischen Jahrhunderts, in Köln geboren, war erfolgreicher Unternehmer, saß im Rat der Stadt und war, zum Titel Kommerzienrat passend, reputierlich und sehr wohlhabend. Er entwickelte eine Sammlerleidenschaft besonderer Art: Er kaufte über 50 Grundstücke im Südwesten der damaligen Stadt auf, und als er ein zusammenhängendes Areal von 15 Hektar beisammenhatte, bot er das Ganze der Stadt Köln an. Sogar den Preis kennt man: 582 000 Mark, genau die Summe, die er selber bezahlt hatte. »Ohne Aufschlag, ohne Klüngel, ohne Provision.«

Die einzige, an diesen erstaunlichen Entschluss geknüpfte Bedingung war, dass die Stadt auf dem Gelände einen öffentlichen Garten, einen Park für jedermann bauen müsse. Kaesen starb 1887. Zwei Jahre später schon wurde der »Volksgarten« eröffnet, in der Anlage, wie wir ihn kennen, aber damals noch mit einigen feudalen Zutaten: einer Konzert- und einer Reithalle und einem Pavillon für Schlittschuhläufer.

Innerhalb der mittelalterlichen Stadtmauern – also streng genommen nicht in der Südstadt – liegt eines der ältesten, eines der klassischen Viertel von Köln: das Vringsveedel. Sein Mittelpunkt ist eine auf dem Gelände eines römischen Friedhofs errichtete Basilika. Sie trägt den Namen eines Kölner Bischofs, des heiligen Severin. Auf dem Platz, wo die Bauern aus dem Vorgebirge heute ihre Marktstände aufschlagen, hat er die Engel singen hören. Das war im Jahr 397 auf die Stunde genau, als im fernen Tours sein Bischofskollege und Freund, der heilige Martin, gestorben war und von himmlischen Heerscharen singend in den Himmel geleitet wurde.

Am Kirchplatz vorbei in südliche Richtung führt die Severinsstraße. Keine andere in Köln hat unter dem jahrelangen U-Bahn-Bau mehr gelitten als sie. Die Ausschachtungsarbeiten gingen hier besonders langsam voran, denn die Bagger gruben mit ihren Schaufeln in geschichtsträchtigem Boden. Stieß man unter dem Asphalt auf das antike Pflaster der römischen Zufahrtsstraße, die wie die Via Appia von Grabanlagen gesäumt war, kam es immer wieder zu Verzögerungen. Die Anwohner zwängten sich schimpfend an den Absperrungen vorbei und interessierten sich wenig für die Sarkophage der cives honorabiles, die man hier im Untergrund gefunden hat.

Von St. Severin ist es nicht weit bis zur Ulrepforte. In einem alten Stadtführer habe ich den Satz gefunden: »Ihr malerisches Aussehen und die Geschichte vom Überfall an der Ulrepforte trugen dazu bei, dass sie vor dem Abbruch bewahrt blieb.« Sie steht von der Ulrichgasse, die längst keine »Gasse«, sondern eher eine vierspurige Stadtautobahn ist, zur Seite gedrängt an einer der ungemütlichsten Kreuzungen der Innenstadt, und ihr »malerisches Aussehen« hat unter den mehrfachen Restaurierungsbemühungen stark gelitten.

Aber nicht um dies festzustellen, bin ich hergekommen, sondern auf der Suche nach dem ersten Profandenkmal Kölns, einem Relief, um 1360 entstanden, das den besagten Überfall in lebendigem Realismus und drastischer Anschaulichkeit schildert. Was war geschehen?

Es ist die Legende vom Schuster Habenichts, der, bestochen von dem nach Bonn geflüchteten Erzbischof Engelbert und seinen Verbündeten, heimlich ein Loch unter der Stadtmauer gräbt, durch das die Feinde Kölns, der Herzog von Limburg und die Grafen von Kleve und Falkenberg, in einer stürmischen Oktobernacht des Jahres 1268 in die Stadt eindringen. Sie erzählt, wie der greise Matthias Overstolz, der Führer der Kölner Patrizier, an der Spitze von etwa vierzig Rittern sich den Eindringlingen entgegenwirft, wie er im heldenhaften Kampf gegen die Übermacht tödlich getroffen vom Pferd sinkt und wie da in der höchsten Not die Zünfte allen alten Zank vergessen, sich todesmutig auf die Feinde werfen und diese mithilfe der Stadtpatrone, deren Fürbitten sie angerufen hatten, aus Köln verjagen.

Bürgersinn also auch schon damals. Ihm zum Gedenken hat der Rat der Stadt über dem Loch in der Mauer ein Steinrelief anbringen lassen, das man dort in Kopie noch heute bewundern kann. Doch Vorsicht! Die wichtelmännerartigen Köpfe im Mittelfeld zwischen den Zinnen waren wahrscheinlich ursprünglich Darstellungen von Kopfreliquiaren aus St. Ursula und St. Gereon zu Ehren der Heiligen, die die Freiheit der Bürger schützten.

Heute ist die Ulrepforte Hauptquartier des Karnevalsvereins »Kölsche Funke rut-wieß von 1823«, hat also einen respektablen Verwendungszweck gefunden.

Aber nicht nur Bürgersinn zeichnet die Kölner von alters her aus, ihnen ist auch Gastfreundschaft und Offenherzigkeit eigen, wie die folgende Geschichte beweist: Kurz vor der Auffahrt zur Severinsbrücke stand einst die alte de Grootsche Familienkirche. Ein bescheidener Bau, ein ruhiger, abgelegener Ort, der nur einmal von sich reden machte, als im Januar 1760 Giacomo Casanova in Köln weilte. Er tat, was er immer tat: Er nahm am Dolce Vita in den Theatern und auf den Karnevalsfesten teil und lernte, wie könnte es anders sein, eine »interessante Schönheit«, die Frau des Bürgermeisters, kennen. Er folgte ihr auf einen Maskenball, man tanzte, man schäkerte und anschließend notierte der Unwiderstehliche: »Madame hatte mich überzeugt, dass es sie glücklich machen würde, mich glücklich zu machen. Ich beschloss, in Köln zu bleiben.« Er wartete, bis ihr Gatte auf Dienstreise ging, dann nutzte er die Gunst der Umstände. Er begab sich ganz unverfänglich in das kleine Marienkirchlein und dort flüsterte ihm der Teufel, »der bekanntlich in der Kirche ein weit stärkerer Versucher ist als anderswo«, einen raffinierten Plan ein: Durch ein geheimes Türchen hinter dem Beichtstuhl gelangte Casanova über einen direkten Zugang in das Schlafgemach der Angebeteten. »Man mag sich vorstellen, welche Wonnen wir miteinander in dieser glücklichen Nacht erlebten, aber man wird sie schwerlich in allen Einzelheiten erraten. Wir verbrachten sieben Stunden im trunkenen Glück ... Ich versprach ihr, nächstes Jahr wieder nach Köln zu kommen; aber verschiedene Zwischenfälle haben mich daran gehindert.« Welcher Art diese »Zwischenfälle« waren, lässt sich leicht erahnen.

Eine weitere Episode will ich noch erwähnen, die aus einer düster-grauen jüngeren Vergangenheit stammt. Auch sie ist ein Beitrag zum Thema Bürgersinn.

Am 1. Mai des Jahres 1933 stand am Chlodwigplatz Ecke Karolingerring auf der am Severinstor zugewandten Seite der fünfzehnjährige Heinrich Böll mit seinem älteren Bruder. Marschmusik und blank geputzte Schaftstiefel. Was sich da vor den Augen der beiden Brüder abspielte und bei dessen Anblick sie ein »Gemisch aus Schrecken und Lächerlichkeit« empfanden, war der erste große Nazi-Aufmarsch in Köln. Das Defilee von Straßenbahnern, von SA-Männern, Arbeitsfront und Jungvolk war »schrecklich, (hatte) aber gleichzeitig auch etwas Absurdes«. Böll sagte (1979) in einem Gespräch, dass er die Nazis aus Straßenkämpfen kannte und ihre Brutalität ihm schon vor 1933 auf seinem Schulweg begegnet war. In »Was soll aus dem Jungen bloß werden« schreibt er: »Die Straßen links und rechts der Severinsstraße ... das war durchaus kein ›national zuverlässiges‹ Gelände. Es gab Tage, nach dem Reichsbrand, ... in denen das Viertel ganz oder teilweise abgesperrt war; ... Welche Frau schrie da im Achtergässchen, welcher Mann in der Landsberg-, wer in der Rosenstraße? ... Da wurde offenbar geprügelt, aus Hausfluren gezerrt.«

Dass es in Köln mehr Widerstand gegen die Nationalsozialisten gegeben habe als andernorts, ist wohl leider nur ein Gerücht. Hier trieb der Gauleiter Robert Ley sein grauenerregendes Unwesen. Seiner Tochter gab er geschmackvollerweise den Vornamen Lore. Aber »die Kölner haben etwas penetrant Unmilitärisches. Das spricht für Köln ... Es hat die Vertreibung und Ermordung unserer jüdischen Mitbürger auch hier gegeben. Trotzdem empfinde ich das Wahlergebnis (bei den Märzwahlen erhielten die Nazis 1933 in Köln nur 33,3 Prozent der Stimmen) ... als etwas Tröstliches. Die geringe Anfälligkeit für Demagogie, Misstrauen gegenüber bombastischer Autorität, das steckt hier drin ... und ist ein großer Pluspunkt.«

Als Köln aus seinen mittelalterlichen Nähten platzte, entstand um die Mitte des 19. Jahrhunderts auf dem Feld vor dem Kölner Ehrentor eine planmäßig angelegte Siedlung. Im Jahr 1846 zählte sie 218 Einwohner. Diese frühen Siedler müssen sich wie Pioniere vorgekommen sein, und es ist zu vermuten, dass sie für die spärlichen Reste eines römischen Landguts auf ihrem Gebiet wenig Interesse hatten. Ebenso wenig wie an der Legende, dass da, wo heute die Pfarrkirche St. Mechtern (was aus dem Rheinischen zurückübersetzt so viel heißt wie »heilige Märtyrer«) steht, der Anführer der thebäischen Legion, Gereon, »zum Zeugnis seines Christusglaubens sein Leben hingab«, also als Soldat im Kampf gegen die unchristlichen Barbaren fiel.

Der Zulauf war groß. In kurzer Zeit stieg die Einwohnerzahl auf 40000, Ehrenfeld durfte sich »Stadt« nennen und bekam, als Ausdruck dieser Würde, eine eigenes Wappen. Die Zeit der Unabhängigkeit war allerdings nur ein kurzes Zwischenspiel. 1888 musste es die eigene Fahne gegen die von Köln eintauschen. Ehrenfeld wurde eingemeindet, wurde Vorort – Köln brauchte Platz für industrielle Ansiedlungen.

Ehrenfeld ist das quicklebendige Viertel zwischen zwei Friedhöfen, Melaten und dem Westfriedhof, seine Hauptschlagader ist die Venloer Straße, sein Nabel eine Städtische Badeanstalt, das Neptunbad. Gebäude und jugendstilige Innenausstattung von den Bomben im Zweiten Weltkrieg weitgehend verschont und erweitert durch eine japanische Saunalandschaft, ist es das schönste der Kölner Bäder. In der Eingangshalle hängt ein großformatiges Foto aus früherer Zeit – kräftige Männer mit Schnauzbärten posieren am Beckenrand –, als Schwimmen noch nicht der Wellness sondern der Körperertüchtigung diente. Auf dem Neptunplatz ist dienstags Markt. Als der Mittelpunkt von Ehrenfeld könnte er eine optische Aufbesserung dringend vertragen.

Ehrenfelder, egal ob Alteingesessene oder neu Hinzugezogene, schicken einen Besucher aus dem restlichen Köln in die Körner Straße. Durchquert man sie von einem Ende zum anderen, ist man »nur einen halben Kilometer gegangen und hat doch die ganze Welt gesehen – oder jedenfalls fast die ganze«, schwärmt »Der andere Stadtführer«. In Haus Nr. 17, im »Multikulti Afroshop« bietet ein »Haarflechtkünstler« für Veranstaltungen und andere festliche Gelegenheiten seine Dienste an. Die Prozedur dauert drei Stunden, seine Rastazöpfchen halten – ungewaschen – drei Wochen. Das »Fu-Na Lädchen« schräg gegenüber verschönt die Haare nicht, es entfernt sie. Spezialität aber ist eine asiatische Fuß-, Hand und Hautbehandlung, bei der die Energieströme des Großstadtmenschen reaktiviert werden. Ein paar Häuser weiter verkauft Isabell Internicola im »Kitsch deluxe« Liebhaberstücke, im Salon auf der anderen Straßenseite, beim »Figaro vum Ihrefeld«, wird preisgünstig ein Fassonschnitt angeboten, und im »Café Sehnsucht« mit seinem überdachten Glasanbau findet der Besucher ein ruhiges Plätzchen für eine Verschnaufpause.

Auf den letzten 200 Metern, schon kurz vor der Subbelr Straße, fällt ein Bunker aus dem Zweiten Weltkrieg auf. Hinter seinen sprengbombensicheren Mauern finden Kunstausstellungen und Theateraufführungen statt. An einer Außenwand hat der »Kölner Appell« ein Transparent angebracht: »Ehrenfeld gegen Gewalt und Rassismus.« Die Initiative hat an der Ecke zur Grimmstraße ihr Domizil, im »Allerweltshaus«, teils Begegnungs-, teils Beratungsstätte, wo Jahr für Jahr Hunderten von Emigranten beigestanden und geholfen wird.

An einer Hauswand direkt neben dem Bunker erinnert eine Gedenktafel an die Ehrenfelder Synagoge, die am Tag nach der Reichsprogromnacht, am 10. November 1938 zerstört und nach dem Untergang der Naziherrschaft nicht wieder aufgebaut wurde. Auf ihrem Gelände befindet sich heute eine Kindertagesstätte.

Wer Interesse hat, kann in Ehrenfeld noch vieles mehr entdecken: nach Lust und Neigung zum Beispiel das »Saveurs de Provence« und seine köstlichen Quiches (Venloerstr. 239) oder die Konzerte in der »Life Music Hall« (Lichtstr. 30), die »BUNT Buchhandlung« (Venloerstr. 338), eine Sportschule für Kung Fu und Kickboxen (Venloerstr. 182), die »Trattoria Salento« (Schadowstr. 55) oder die »Zeit der Kirschen« (Venloerstr. 399), das »Centrum schwule Geschichte Kölns« (Vogelsangerstr. 61) oder die Pferdemetzgerei G.u.G. Körfgen (Äußere Kanalstr. 209), das Bürgerzentrum Büze e.V. (Venloerstr. 429) oder an der Ecke Venloer-/Gutenbergstraße, die 101 Jahre alte Gaststätte »Haus Scholzen«. Und Ehrenfeld hat, als eines der letzten Stadtviertel, ein eigenes Kino, das Cinenova (Herbrandtstr. 11), wo nicht selten Filmpremieren gefeiert werden.

Köln hat kein Chinatown, aber es hat ein »Chinesenviertel« und zwar in Neuehrenfeld. Bernd Imgrund empfiehlt es als einen der »111 Kölner Orte, die man gesehen haben muss«. Zu sehen sind hier Siedlungshäuser, geplant zu Beginn des 20. Jahrhunderts, erbaut von einer Genossenschaft als preisgünstiger Wohnraum für Industriearbeiter. Auffällig nur die Straßenbezeichnungen: Takustraße und -platz, Iltis- und Lansstraße. Bernd Imgrund erzählt, wie es zu der patriotischen Namensgebung kam. Sie »geht zurück auf den sogenannten ›Boxeraufstand‹ in China und seine Niederschlagung durch die europäischen Kolonialmächte im Jahr 1900 ... Im Juni griff das deutsche Kanonenboot ›Iltis‹ in das Kriegsgeschehen ein. Unter seinem Kapitän Wilhelm Lans wurden die chinesischen Taku-Forts am Fluss Beihe bombardiert ... Der deutsche Hurra-Patriotismus vor dem Ersten Weltkrieg hinterließ seine Spuren auch in Köln. 1913 ... benannte man drei neue Straßen in Ehrenfeld nach dem damaligen Kapitän, seinem Boot und den zerstörten chinesischen Befestigungsanlagen.«

An Kapitän Lans, der für seine Heldentat mit einem hohen Orden ausgezeichnet wurde, erinnert eine Tafel an einem der Siedlungsbauten am Takuplatz. Angebracht wurde sie von dem Karnevalsverein »Ihrefelder Chinese«. In ihrem Vereinslokal wäre sicher Platz für ein Transparent mit einem Auszug aus der berüchtigten »Hunnenrede« von Kaiser Wilhelm II.: »... dass niemals wieder ein Chinese es wagt, etwa einen Deutschen auch nur scheel anzusehen.«

Am Eingang von Ehrenfeld, gleich hinter dem Inneren Grüngürtel, befindet sich an der Venloerstraße eine Tankstelle. Links von ihr das Kaufhaus »Maas«, spezialisiert auf türkische Hochzeitsmoden (»Brautkleid ab € 199«) und alles, was ein jungvermähltes Paar für den Start ins Eheleben braucht.

Das unansehnliche Gebäude auf der anderen Seite ist der Sitz der »Türkisch-Islamischen Union der Anstalt für Religion e. V.«, kurz Ditib, dem größten Verband der Muslime in Deutschland. Es steht auf dem Gelände einer ehemaligen

Arzneimittelfabrik und soll nach dem Abriss der ersten großen repräsentativen Moschee Platz machen.

Es gibt mehr als drei Dutzend Moscheen in Köln. Man sieht sie nicht, sie sind in Hinterhöfen, alten Fabrikhallen und leer stehenden Ladenlokalen untergebracht. Der Entwurf für den Neubau stammt von dem Architekten und Kirchenbauer Paul Böhm. Mit seinen schlanken Minaretten sowie der offenen Kuppel über dem Gebetsraum löst er sich von der herkömmlichen osmanischen Moscheenform und könnte – ganz anders als die neuen islamischen Gebetshäuser in Mannheim oder Duisburg – ein vorbildliches Beispiel moderner Sakralarchitektur werden.

Im Vorfeld hat es heftige Diskussionen und Streitereien gegeben. Die rechtsextreme Partei »Pro Köln« versuchte mit einer »Anwohnerinitiative« ein Bürgerbegehren gegen den Bau der Moschee als Symbol für eine »Islamisierung« durchzusetzen. Sie scheiterte. »Als Ehrenfelder habe ich keinerlei Sorge, dass sich das Viertel negativ verändert«, sagte Günter Wallraff und sprach damit vielen Kölnern aus dem Herzen. Sein Plan, nach der Eröffnung im Versammlungsraum der neuen Moschee aus den »Satanischen Versen« von Salman Rushdie zu lesen, stieß allerdings bei der Ditib auf keine Gegenliebe.

Vom Kölschen Klüngel

Immer wieder tauchen sie auf in Köln, diese bösartigen, rufschädigenden Verdächtigungen. Erst ist es nur ein vages Gerücht, dessen Urheber niemand kennt. Man hört es mit ungläubigem Staunen: Das gibt es doch nicht! Wer traut schon einem Gerücht. Aber es macht die Runde, hält sich hartnäckig. Die Kölner tratschen gern.

Dann kriegt die Presse Wind, wittert eine Sensation. Die ersten Namen fallen. Prominente Namen. Der X., der Y. und vor allem der Z. Ein Skandal! Wenn es wirklich stimmt, was da behauptet wird. Noch ist ja nichts bewiesen. Aber vorstellen kann man sich schon, dass da was gelaufen ist. Man ist im selben Club, im selben Karnevalsverein, die Damen treffen sich beim Bridge. Aber gemocht hat man sie nicht, den X. nicht, den Y. nicht und erst recht nicht den arroganten Z. Wenn der eins auf die Nase kriegt, geschieht's ihm recht. Man leistet sich ein bisschen Schadenfreude. Nein, man selbst ist auch kein Heiliger, aber erwischen lassen darf man sich halt nicht.

Barmherzigkeit ist eine christliche Tugend, und Köln ist

eine christliche Stadt. Man hilft sich. Aus alter Freundschaft. Man war auf demselben Gymnasium und um drei Ecken ist man sogar verwandt. Man kennt den Dezernenten, zum Fraktionschef hat man einen guten Draht, und den Oberstadtdirektor traf man regelmäßig beim Empfang der Handelskammer. Man wird bei den hohen Herren ein gutes Wort für den alten Kumpel einlegen, das ist man ihm doch schuldig. Nur eine Empfehlung. Schließlich hat der einem früher auch schon mal einen Gefallen getan. Wie gesagt, man kennt sich, man hilft sich. Gegenseitig.

Die Stadt will bauen. Ein größeres Projekt. Die Ausschreibung läuft ganz korrekt. Der X. wäre doch der richtige Architekt, der Y. wäre als Zulieferer interessant und der Z. könnte den ganzen Bau als Generalunternehmer hochziehen. Die drei sind ein bewährtes Team. Alles Kölner. Das Geld bliebe also in der Stadt. Das offizielle und das … Wer, zum Teufel, redet denn da gleich von Bestechung! Alles Quatsch! Man wird sich doch noch erkenntlich zeigen dürfen. Ein paar kleine Vergünstigungen, nicht der Rede wert. Die anderen, die auch ranwollten an die vollen Tröge, kamen sowieso nicht infrage. Alles Nicht-Kölner, Leute aus dem Umland, kennen sich in der Stadt nicht richtig aus.

Ist Schmiergeld geflossen oder nicht? Der Fall muss aufgeklärt werden. Und zwar gründlich. Wir sind doch schließlich nicht auf dem Balkan. Was heißt hier, eine Hand wäscht die andere! Doch nicht bei uns! Veruntreuung von öffentlichen Geldern, na, na, das geht jetzt aber zu weit. Der X. und der Y. werden vorgeladen. Als Zeugen. Können sich aber an Einzelheiten nicht mehr erinnern. Bei beiden das gleiche Symptom: ein Anfall von Gedächtnisschwäche. Der kölsche Blackout. Und der Z.? Abgetaucht. Nicht auffindbar. Eine Durchsuchung seiner Privat- und Büroräume wird angeordnet. In der Kasse fehlen zwei Milliönchen.

Am Ende einer Klüngel-Affäre hat der Staatsanwalt das

Wort. Und der Kabarettist. Keiner hat den Kölschen Klüngel so trefflich geschildert wie Heinrich Pachl. Er sagt es geradeheraus: »Der Klüngel gehört zu Köln wie das Kölsch in die Kehle des Karnevalisten.« Er ist unentbehrlich, denn nur wo geklüngelt wird, verbinden sich öffentliche und private Interessen in idealer Form. Korruption, die Durchsetzung privater Interessen auf öffentlichem Wege, kommt in fremden Städten, erst recht in fremden Ländern vor. In Köln läuft das anders herum: Dank eingespielter Klüngel-Mechanismen werden öffentliche Interessen auf privatem Wege durchgesetzt.

Ein Spitzen-Klüngler ist wie ein Pate, der, wenn die Geschäfte gut laufen, auch mal was für das Gemeinwohl tut. Ein Wohltäter der Armen. Dass die Schrebergarten-Siedlung nicht abgerissen wird, dass die Nudisten ihr FKK-Gelände behalten dürfen, ist ihm zu verdanken. Er tut was, aber nie selbstlos. Die Kölner, die kleinen und die großen, sind Händler. Sie lieben es zu maggeln. Von ihren Vorfahren, den Römern, haben sie das Do-ut-des-Prinzip gelernt. Gibste mir was, geb ich dir was. Die Regeln, nach denen dies geschieht, sind flexibel, so flexibel, wie die Situation es erfordert. Mal sehen, was sich da machen lässt, ist die Devise. »Da die Vermengung privater und öffentlicher Interessen immer in Gefahr ist aufzufliegen, hat sich der moderne Nachkriegs-Klüngel ein Selbstreinigungsmittel zugelegt.« Heinrich Pachl nennt es das Pilatus-Prinzip: »Ich wasche meine Hände in Unschuld.« – »Dazu gehört ein Waschbecken, das sich auf dem berühmten Rathausklo befindet. Und wie oft konnten sich Ratsmitglieder von peinlichen Affären reinwaschen mit der Ausrede: Bei dieser Beratung oder Abstimmung war ich zwar anwesend, aber nicht zugegen, sondern gerade auf dem Klo.« Seine Wände sollte man mit den Portraits der Klüngelbrüder schmücken, die in Unehren den Rat der Stadt verlassen mussten.

Das Wort ist abgeleitet von dem althochdeutschen »Klungelien« und bedeutet so viel wie »Knäuel«. Gedanken, Absichten, Vorhaben, Interessen zu verknäueln, nennt man heute »vernetzen«. Das ist grundsätzlich nicht verboten. Es sei denn, es geschieht des Guten zu viel. Dann gilt die kölsche Regel: Man darf sich nicht erwischen lassen und schon gar nicht zum falschen Zeitpunkt. Passiert es aber doch, und der Klüngel fliegt auf, dann wird vertuscht, verschleiert und verdrängt, bis ein anderer Skandal für Schlagzeilen sorgt.

Den Klüngel kann man als Kölner nur mit Humor nehmen. Solange er nicht kriminell ist. Wo geklüngelt wird, verschwindet Geld in allzu tiefen Taschen. Geld, das zum Wohle der Stadt dringend benötigt würde. Und Klüngel leistet dem Mittelmaß Vorschub. Spitzenleistungen kommen durch gute Ideen und Einsatz zustande, nicht durch Filz.

Nachkriegszeit in Köln

Ich kam nach Köln, als ich dreizehn war. Die Stadt, oder besser das, was ich von ihr zu sehen bekam, war noch auf Schritt und Tritt von den Folgen des Krieges gezeichnet. Für mich war der Umzug, den meine Eltern über meinen Kopf hinweg beschlossen und vollzogen hatten, der Sturz aus einer paradiesischen ländlichen Idylle in eine grauenerregende Trümmerlandschaft. Ich fand das Köln des Jahres 1949 schrecklich: kaputt, dreckig und feindlich.

Bei Kriegsende lebten, oder vielmehr hausten, kaum mehr als 30 000 Menschen in Köln. Jeder, der die Möglichkeit hatte, sich und die Seinen vor den Bombenangriffen in Sicherheit zu bringen, hatte die Stadt verlassen. So war auch meine Mutter mit uns Kindern nach Bayern gegangen. Gelegentlich färbte sich in der Ferne nachts über München der Himmel rot. Nur eine einzige, eine verirrte Bombe schlug in unserer Nähe ein; sie machte die Volksschule dem Erdboden gleich. Niemand kam zu Schaden. Am nächsten Morgen stand ich mit den anderen Schülern eher erleichtert als schockiert vor dem Schutthaufen, unter dem all unsere

Hefte und Schulbücher begraben lagen. Von einer Kollektion gezackter Flaksplitter und einem Bündel »Lametta«-Streifen abgesehen, sind das meine Erinnerungen an den Krieg.

Mein Vater kam gelegentlich zu Besuch. Er war in Köln geblieben, bei seinem Betrieb. Die Verantwortung, die er für das Pressehaus in der Breite Straße trug, hat ihn in Köln gehalten. Er war Zeitungsverleger und als solcher Herausgeber der »Kölnischen Zeitung« und des »Stadt-Anzeigers«. Ein Druckhaus nach dem anderen wurde zerstört, auch das Pressehaus schwer getroffen. Eine Maschine lief noch, die letzte in Köln, und auf der zwangen ihn die Nazis den »Völkischen Beobachter«, ihr Hetzblatt, zu drucken. Er musste sich fügen und wurde, sozusagen im Gegenzug, vom Einsatz an der Front verschont.

Köln wurde während des Zweiten Weltkrieges im Kern zerstört. Von den 250000 Wohnungen, die es 1939 gab, sind nur 50000 übriggeblieben, viele davon glichen Notunterkünften und wurden im Zuge des Wiederaufbaus abgerissen. Ganze Straßenzüge waren ausradiert, über eine Hügellandschaft aus Schutt führten schmale Trampelpfade. Der Grundriss der Stadt, der versteinerte Abdruck von fast 2000 Jahren Geschichte, war nicht mehr zu entziffern. Es herrschte eine »geschichtslose Stille«, wie Dieter Wellershoff es formulierte.

Köln galt als »Frontstadt aus der Luft« und wurde schon früh getroffen. Im Mai 1940 fielen die ersten Bomben auf Kölner Stadtgebiet. Ab dem darauffolgenden Frühjahr häuften sich die Luftangriffe, die bereits ganze Straßenzüge in Schutt und Asche legten. Etwa siebzigmal war Köln Ziel kleinerer Attacken der Royal Air Force, dann kam der fürchterliche Schlag von einer noch nie da gewesenen Härte: In der Nacht vom 30. auf den 31. Mai 1942 griffen tausend britische Bomber die Stadt an und eröffneten damit den totalen Luftkrieg. Ab jetzt ging es nicht mehr darum, feindliche Industrie- und Militäranlagen zu zerstören und die Rüstungsproduktion des Gegners lahmzulegen, das nächtliche Flächenbombardement zielte unverhohlen darauf ab, die Zivilbevölkerung zu treffen.

Sir Arthur Harris, eher bekannt als »Bomber Harris« gab den Befehl: »Heute Nacht! Tausend Maschinen! Köln!« Innerhalb von zwei Stunden wurden über 100 000 Stabbrandbomben und fast tausend Sprengbomben in schnellem Wechsel über der Stadt abgeladen. Die Folge war ein in der Geschichte beispielloses Inferno. Köln brennt lichterloh, die Menschen zittern in den Luftschutzkellern um ihr Leben, in der Altstadt treibt der Feuersturm Hunderte auf die Straßen. »Es war die Hölle auf Erden!«, kommentierten Augenzeugen übereinstimmend den Großangriff. – Angeblich sollen wenige Tage später Maschinen der Alliierten Flugblätter abgeworfen haben, auf denen stand: »Köln war unsere Gesellenprüfung, Berlin wird unser Meisterstück werden.«

Nicht weniger makaber waren Handzettel mit Anweisungen für Verschüttete, die in Köln verteilt wurden: »Personen, die lediglich in einem Raum von der Außenwelt abgeschlossen sind, klopfen zweckmäßig mit einem Hammer oder einem anderen harten Gegenstand gegen die Wand oder auf den Fußboden. – Für Verschüttete genügt es, ... wenn sie Zeichen mit dem Fuß, der Hand oder mit dem Kopf geben können ... – Rufen und Schreien verbrauchen in verstärktem Maße den meist knappen Sauerstoffvorrat ...«

Köln war zerstört, aber das Amtsdeutsch hat die Katastrophe überlebt. Aus einer Bekanntmachung des Oberbürgermeisters Hermann Pünder vom 15. April 1946, die auch von totalitärem Pathos nicht frei ist: »Die Kölner Stadtvertretung ist mit der Stadtverwaltung einmütig der Auffassung, dass sich an der Schuttbeseitigung die gesamte Kölner Bevölkerung in einer weithin sichtbaren Weise kraftvoll beteiligen sollte… – Köln erklärt damit seine Bereitschaft zur Selbsthilfe und den Entschluss zum Ringen um seine Zukunft aus eigener Kraft. Darum ist die geforderte Arbeit ein Ehrendienst, eine Freude und eine selbstverständliche Pflicht. Niemand schließt sich aus. Wer es dennoch tun sollte, beleidigt die Gemeinschaft, die ihm Nahrung, Kleidung, Wohnung und Sicherheit gewährleistet. Sie wird ihn zu strafen wissen.« – Nun folgt noch ein bemerkenswerter Zusatz: »Wenn der Ehrendienst nach vier Monaten abgeschlossen ist, sollen… die Nationalsozialisten allein zu einer zusätzlichen Aktion aufgefordert werden, die im Gegensatz zum Ehrendienst ein Sühnedienst sein wird.« – Unbekannt ist, wie viele alte Nazis sich zu diesem Sühnedienst gemeldet haben.

Die Kölner froren in den kalten Nachkriegswintern jämmerlich. Die Versorgung mit Brennmaterial war schlecht, manches Nachttischchen, das den Bomben nicht zum Opfer gefallen war, musste jetzt dran glauben und wurde zu Anmachholz verarbeitet. Streng bewacht kamen Güterzüge mit Klütten, der dringend benötigten Kohle, in die Stadt, und während sie auf Abstellgleisen darauf warteten, entladen zu werden, pirschten sich vor allem im Schutz der Dunkelheit Frauen und Kinder mit Taschen und Säcken heran, um ein paar Koks oder Briketts zu ergattern. Das gab Ärger mit der Militärpolizei. Selbstversorgung dieser Art sollte als Diebstahl bestraft werden. Da griff der Kölner Oberhirte ein. In seiner berühmt gewordenen Silvesterpredigt 1946 verkündete Josef Kardinal Frings in St. Engelbert in Riehl eine Botschaft, die sich wie ein Lauffeuer in der ganzen Stadt verbreitete. »Wir leben in Zeiten, wo in der Not auch der Einzelne das wird nehmen dürfen, was er zum Erhalt seines Lebens und seiner Gesundheit notwendig hat, wenn er es auf andere Weise nicht erlangen kann.« Die Kölnerinnen und Kölner haben ihn für seine Fürsprache in ihr Herz geschlossen und haben ihm mit »fringsen« ein kleines sprachliches Denkmal gesetzt.

Nach dem großen Aufräumen kehrte wieder Ordnung ein. Es gibt ein Foto von der zerstörten, aber frei geräumten Ecke Ludwig- und Minoritenstraße (in dem Band von Herrmann Claasen »Nie wieder Krieg!«). Kein Auto, kein Fahrzeug weit und breit, aber unübersehbar in der Bildmitte ein Verkehrsschild: Durchfahrt verboten! Nach dem Chaos gab es wieder Regeln, an die man sich halten konnte.

Später hat jemand ausgerechnet, dass der Schutt, der aus der Innenstadt abtransportiert werden musste, das 45-fache Volumen des Doms hatte. Es war ein naheliegender, guter Einfall, mit ihm im Kölner Flachland Hügel aufzuschütten, sieben an der Zahl: im inneren und äußeren Grüngürtel, in Parks und auf brachliegendem Land. Der Volksmund tauft sie Monte Klamotte oder Monte Scherbelino. Sie sind mit Büschen und Bäumen bepflanzt, auf ihren Gipfeln stehen Bänke – ein friedliches Bild.

In der aufgeräumten Ödnis standen noch die Brandmauern alter Häuser. Durch die Löcher in den Fassaden, die einstmals Fenster waren, konnte man den Himmel sehen. Psychologisch gesehen, waren diese Mauerreste bedenklich. Sie hielten Erinnerungen wach, die man vergessen wollte. An manche waren nachts mit breitem Pinsel Parolen wie »Nie wieder Krieg!« geschrieben worden. Außerdem standen die pseudoromanischen und pseudogotischen Mauerreste der Gründerzeit dem Wiederaufbau im Weg. Also wurde »aus Sicherheitsgründen« verfügt, sie abzureißen.

Die Fünfzigerjahre waren eine stuckfeindliche Zeit. Ob Bauherren, die Stuck an ihren Häusern abschlagen ließen, mit einer Prämie belohnt wurden, ist im Stadtkonservatorenamt nicht bekannt. Ausgeschlossen wurde es jedoch nicht. Die Bauzierde an den Häusern der Jahrhundertwende war Ausdruck einer wohlhabenden Bürgerlichkeit, die während einer Inflation und zweier Weltkriege untergegangen war. Die Glaubenssätze der Nachkriegsästhetik – nicht nur in Köln – hießen: sachlich, praktisch und pflegeleicht. Gekachelte Fassaden waren modern, da abwaschbar. So kam es, dass Hauseigentümer unter Hinweis auf Sicherheitsmängel durch Kriegsschäden die Genehmigung erhielten, großzügiger als nötig Balkons, Erker oder sonstigen Fassadenschmuck entfernen zu lassen. Nicht nur mit Billigung, sondern wahrscheinlich auch mit freudigem Einverständnis der Stadt.

Das Opernhaus am Rudolfplatz war von Sprengbomben getroffen worden. Das Foyer, der Zuschauer- und der Bühnenraum, die ganze Pracht der Jahrhundertwende war dahin. Aber die Außenmauern standen. Heute würde man sie aufwendig abstützen und das neue Gebäude mit der alten Fassade schmücken. Als wollte man sich von den Reminiszenzen der Vergangenheit befreien, wurde alles, was vom Kölner Opernhaus aus besseren Zeiten übrig war, niedergerissen. Die Schienen der Trümmerbähnchen lagen ja noch. Heute steht an jener Stelle ein gut geführtes Hotel, architektonische Dutzendware.

1949, nach der Währungsreform, ging es auch in Köln langsam aufwärts. In Marienburg wurden in den Garagen einiger herrschaftlicher Villen Lädchen aufgemacht. Langsam füllten sich die schnell zusammengenagelten Regale mit Keksen, hartem Käse und guter Butter, mit Kartoffeln, Lauch und Äpfeln aus dem Vorgebirge. Man ging nicht mehr hamstern, man ging wieder einkaufen. Rohmaterialien wurden gebraucht für den Wiederaufbau. Einmal die Woche kam ein Mann mit seinem Handkarren die Straße entlang, schwang eine Glocke und rief: »Lumpen, Eisen, Papier!« Ich wurde für ein paar Groschen sein Zulieferant, auch später noch, als aus dem Handkarren ein Lkw mit Holzvergaser geworden war.

Mein Liebling hieß Lise, war eine Schimmelstute und zog mit ihrem breiten Kreuz stoisch Tag für Tag den Wagen des Milchmanns. Auch er bimmelte, um sich anzukünden, aber eine Oktave höher als der Lumpensammler und steckte den Kindern am Ende der Woche Drops oder eine Rolle Lakritz zu.

Es war Mai, von den Menschen, die in den Luftschutzkellern erstickt, von einstürzenden Mauern erschlagen oder auf offener Straße verbrannten, von den 20000 Toten in Köln sprach niemand mehr. Köln blühte. Es blühte, süßlich duftend und umschwärmt von Schmetterlingen, der Trümmerflieder. Und aus den verwilderten Gärten leuchteten die Forsythienbüsche und die Rosensträucher.

Wir wohnten in der Parkstraße 20. Unser Haus in der Goethestraße hatten die Alliierten samt Mobiliar gleich nach dem Einmarsch beschlagnahmt. Dort residierte jetzt ein englischer Offizier mit seiner Familie.

Mit solchen Maßnahmen machten sich die neuen Herren nicht gerade beliebt. Der Unmut in der Stadt wuchs. Dabei hatten die Geschädigten einen prominenten Fürsprecher. Kardinal Josef Frings setzte sich für eine Freigabe der beschlagnahmten Häuser und Wohnungen ein. Anfang Juli 1946 schrieb er dem britischen Stadtkommandanten von Köln: »Sollte meine Bitte nicht willfahrt werden, so bitte ich, vor dem Hause Bayenthalgürtel 31, in dem ich zur Miete wohne, nicht haltzumachen. Ich werde dann versuchen, in den Trümmern des Erzbischöflichen Palais an der Gereonstraße mich einzurichten.« Einen solchen Brief zu schreiben, erforderte Mut, auch wenn er aus der Feder des Erzbischofs stammte.

Ich weiß nicht, ob den Besatzern ein Besuch unerwünscht war oder ob meine Eltern zu stolz waren, einen entsprechenden Antrag bei der Militärbehörde zu stellen; jedenfalls habe ich mein Geburtshaus erst Jahre später wieder betreten. Nach mehrfachem Wechsel war der letzte englische Offizier ausgezogen. Ich sehe es noch vor mir: Das Haus war in einem erbärmlichen Zustand; man hatte alles, was nicht niet- und nagelfest war, selbst die Türgriffe, Waschbecken und Kloschüsseln abmontiert und mitgenommen. – Meine Eltern hatten sich mittlerweile um die Ecke an der Leyboldstraße ein kleineres, neues Haus gebaut. Das in der Goethestraße stand leer, zum Verkauf. Eine sturmfreie Bude. Ich hatte mir einen Schlüssel besorgt, und so feierten meine Freunde und ich mit unseren Tanzschulmädchen das Ende der Besatzungszeit mit »Gammelpartys«.

Aber zurück zu den Anfängen. Ich wurde, als ich nach Köln kam, in die Quarta des Gymnasiums Kreuzgasse eingeschult. Ausgebombt und bis auf die Grundmauern niedergebrannt, war es bis zur Fertigstellung des Neubaus an der Inneren Kanalstraße in der Irmgardisschule, einer »Nonnenklitsche«, untergebracht. Der Unterricht fand im Wechsel statt und zwar so, dass in der einen Woche die Irmgardismädchen vormittags und die Kreuzgassenjungen nachmittags Unterricht hatten und in der nächsten Woche dann umgekehrt.

Die Irmgardisschule liegt heute noch an der Schillerstraße Ecke Bayenthalgürtel. Ein paar Häuser stadteinwärts war ein Trümmergrundstück, »Betreten streng verboten, Einsturzgefahr!«. Meine Freunde spielten dort gelegentlich nach der Schule, und ich machte widerwillig mit. Eine Hauswand war stehen geblieben. Da, wo einmal die erste Etage gewesen war, hing noch ein Rest der Tapete in Fetzen, und man konnte erkennen, wo ein Ofen und wo ein Spülbecken gestanden hatten. Da oben hatten Menschen gewohnt. Wie hießen sie, was war aus ihnen geworden? Durch ein Loch im Boden konnte man in den Keller klettern. Das war eine Mutprobe. Dort unten war es finster, kalt und glitschig. Und es gab Gerüchte. Es hieß, da lägen noch die Knochen der Bewohner. Reiche Leute seien das gewesen, und ihr ganzer Schmuck, ihr Gold und ihre Diamanten hätten sie in den Keller geschafft, bevor das Haus über ihnen zusammenstürzte. Gefunden haben wir natürlich nie etwas.

1955 habe ich auf der Kreuzgasse Abitur gemacht. Deutsch, Geschichte und Englisch waren meine Lieblingsfächer. Zu keinem Zeitpunkt, bei keinem Lehrer, in keinem Unterrichtszusammenhang habe ich etwas über die Zeit zwischen 1933 und 1945, über Hitler und andere Nazi-Größen, über die Ermordung der Juden sowie Ausbruch und Verlauf des Zweiten Weltkrieges erfahren. Die zweite Hälfte des 19. Jahrhunderts mit Industrieller Revolution und Gründerzeit, mit Kolonialismus, mit seiner Blüte des Romans, mit Impressionismus und Jugendstil gab noch Unterrichtsstoff her, aber die Epochen danach versanken in Schweigen. Zeitgeschichte, das heißt die sozialen, politischen, wirtschaftlichen und künstlerischen Strömungen, die das Leben unserer Eltern geprägt hatten und in deren Ausläufer wir, die Schüler, hineingeboren wurden, kamen einfach nicht vor. Welch ungeheure Verdrängnisleistung! Möglicherweise war unter unseren Lehrern noch der eine oder andere alte Nazi. Aber die Mehrheit war sicher nicht besonders borniert oder ängstlich, sondern war, so ist zu befürchten, in ihrem Verhalten nur ein Abbild auch aller anderen akademischen Berufe.

Samstag war – wenn die Woche ohne Eintrag ins Klassenbuch oder sonstigen Ärger in der Schule verlaufen war – Zahltag. Das Taschengeld reichte gerade aus für einen Abstecher mit der Straßenbahn zum Chlodwigplatz und von dort zu Fuß ins Kino, inklusive zwei Päckchen Brausepulver, Waldmeister und Himbeere. Es lag in der Annostraße und hieß Astor oder Astoria. Im Nachmittagsprogramm, Eintritt 1,50 Mark, gab es Komödien mit Kuchenschlachten oder dem Besuch einer zickigen Tante, deren selbstgestrickter Pullover durch einen Streich der lieben Neffen und Nichten sich unbemerkt aufribbelte, bis man die Ansätze rosafarbener Unterwäsche sah. Lieber waren mir die Wildwestfilme. Die Sheriffs, die im Kampf gegen das Böse für Recht und Ordnung zum Colt griffen, sich lässig auf den Rücken ihrer tänzelnden Pferde schwangen und dann allein in die weite Prärie hinausritten, sie waren meine Helden.

Einmal gab es eine unangekündigte Programmänderung. Ein paar Minuten herrschte schwarze Finsternis, bevor es losging. Und auf das, was dann kam, war ich in keinster Weise vorbereitet. Man sah ein Tor mit einem Schriftzug darüber, dann einen Stacheldrahtzaun, in dem ein Mensch hing, dann barackenartige Gebäude und dann das nackte Grauen. Es wurden Bildfrequenzen von Dokumentarfilmen und Wochenschauen aus Konzentrationslagern gezeigt: Brillenberge, Kleiderberge, Leichenberge. Keine Musikuntermalung und nur ein knapper Kommentar. Zum Schluss Opfer, nur Haut und Knochen, Überlebende, die am Tag ihrer Befreiung von den Alliierten gefilmt wurden.

Als das Licht anging, verließen einige fluchtartig den Saal, die meisten blieben wie erstarrt sitzen. Keiner sagte ein Wort, es herrschte eine lastende Stille. – Drei Tage dauerte es, bis ich den Schock so weit überwunden hatte, dass ich meinen Vater auf den KZ-Film ansprechen konnte. Er versuchte mir zu erklären, was ich gesehen hatte. Und zum ersten Male hörte ich aus seinem Munde die Worte »Judenverfolgung« und »Judenvernichtung«.

Die Nachkriegszeit ging für mich nicht mit der Währungsreform zu Ende, die für mein Quartanerbewusstsein ohne weitere Bedeutung war, sondern an dem Tag, als mein Vater mit einem neuen Opel »Kapitän« vorgefahren kam. Er war hellbeige lackiert, und auf den hellbeigen Polstern kam der dunkelblaue Anzug, den er zu Ehren des neuen Gefährts trug, vorteilhaft zur Geltung. Der »Stadt-Anzeiger« konnte – wenn auch mit Verspätung – wieder erscheinen, und als die Auflage 100 000 Exemplare pro Tag überschritt, hatte er sich einen neuen, größeren Wagen bestellt. Aus dem »Kadett« wurde ein »Kapitän«. Er hatte dandyhafte Weißwandreifen, Lenkradschaltung (eine Neuerung, die sich nicht lange gehalten hat) und auf der Beifahrerseite hinter der Blendklappe einen Spiegel für die Dame.

Die Jahre vor und nach der Währungsreform waren eine Übergangszeit. Mit der ersten Freundin vergaß ich die Sehnsucht nach der bayerischen Idylle. Den Älteren wuchs Schorf über die seelischen Wunden. Die Erinnerungen an Hunger, Todesängste, Verzweiflung wollten nicht verblassen, sie wurden zu Legenden verklärt, sie wurden verdrängt. Aus Vernichtungswut wurde Resignation, aus Resignation Wiederaufbauwut.

Kritiker meinen, das heilige Köln von Ursula und Gereon, das romanische von Bruno, Rainald von Dassel und Konrad von Hochstaden, das großbürgerliche von Ferdinand Johann Wallraf und der Brüder Boisserée, das Dada-Köln von Max Ernst und Luise Straus, das volkstümliche von Willi Ostermann und Wilhelm Millowitsch, das alte, geliebte Köln von Tünnes und Schäl sei zweimal zerstört worden: einmal während des Krieges und einmal in den Jahrzehnten danach.

In Köln ist ohne Kunst alles nichts

»Kunst ist zwar nicht alles, aber in Köln ist ohne Kunst alles nichts.« So der legendäre Kulturdezernent Kurt Hackenberg 1967, zu einer Zeit, als Köln anfing, sich als Kunstmetropole zu fühlen.

Die ersten Anstöße für die sich bildende Kunstszene kamen in den späten Fünfzigerjahren nicht von Kölner Künstlern wie Anton Räderscheidt, Wilhelm Nay oder Georg Meistermann, sie kamen von der Musik. Angezogen vom Elektronischen Studio des WDR und von der Person des E-Musikers Karlheinz Stockhausen zogen John Cage und Nam June Paik nach Köln. Wenn Cage ein Stück für »präpariertes Klavier« komponierte, wurde die Aufführung zu einer Aktion oder, wie man später sagen wird, zu einem Happening und der Ausführende zum Performer.

Die wohl erste Performance in Köln fand im Juni 1960 im Atelier von Mary Bauermeister in der Lintgasse statt. Paik stürzte mit einer Schere auf John Cage zu, schnitt ihm ein Stück von der Krawatte und vom Hemd ab, warf hektisch einige Sachen aus dem Fenster, raste dann brüllend die

Treppen hinunter. Das Publikum wartete gebannt. Es vergingen mehrere Minuten, bis Paik von einer Telefonzelle aus Mary Bauermeister anrief und erklärte, seine Aktion sei nun beendet.

Bei der Aufführung von Karlheinz Stockhausens »Originale«, einer Gesamtkomposition aus Solo-Aktionen, Schlagzeug-Einlagen, Film-Einspielungen, Umzieh-Aktionen und Lesungen wurden zum ersten Mal deutlich die Grenzlinien zwischen den Bereichen Musik, Kunst, Theater und Literatur überschritten. Austragungsort war das Theater am Dom. Zum Schluss fotografierten alle Mitwirkenden das Publikum mit Blitzlichtern. – Ähnlich turbulente Abende inszenierten in der Folge diverse Kölner Künstler in ihren Ateliers. In Köln kam Aufbruchstimmung auf.

Wolf Vostell gab die Zeitschrift »dé-collage – Bulletin Neuer Ideen« heraus, an der sich Künstler, Musiker und Literaten mit Originalbeiträgen beteiligten. Blätter wie »Put Finger in« (1962) sind heute gesuchte Sammlerstücke.

Haro Lauhus, Animateur und Galerist der frühen Jahre, holte Christo aus Paris nach Köln. Der realisierte hier seine erste Arbeit in Deutschland »Wrapped Oil Barrels« (1959), 18 Ölfässer, vier davon verpackt.

Mauricio Kagel, seit 1957 in Köln tätig, schuf eine völlig neue Form des Musiktheaters. »Antithese – Spiel für einen Darsteller mit elektronischen und öffentlichen Klängen« hatte im Kölner Schauspielhaus Premiere. Da war er zu sehen, in voller Aktion inmitten von einem Dutzend alter Schallplattenspieler.

Im DuMont Kunstverlag erschienen die Bücher der Avantgarde jener Zeit. Ernst Brücher dokumentierte die neuesten Strömungen in seinem Programm. Er war der verlegerische Mentor von Diter Rot, Ferdinand Kriwet, Hans G. Helms, Kagel, Stockhausen und später von Klaus Rinke, Hans Haacke und vielen anderen. Befragt nach seinen Erinnerungen an die frühen Sechzigerjahre sagte er: »Es war eine sehr offene Situation und sehr ungebunden … Wir waren ein Kreis von Menschen, die sich schätzten … Es wurde viel getrunken und gelacht, und zugleich entstand eben auch Kunst.«

Zur Kennzeichnung der Situation sprachen Beteiligte und Kommentatoren von einem »fruchtbaren Chaos«, das Köln damals so faszinierend machte, ermöglicht durch eine gerade dieser Stadt eigene »passive Toleranz«. Um eine gewisse Überschaubarkeit in das fruchtbare Chaos zu bringen, zog es mehr und mehr Galeristen nach Köln. 1968 waren es bereits 27, die meisten zeigten neue, zeitgenössische Kunst. Köln schien für das Geschäft mit der Kunst ein idealer Platz zu sein: ein interessiertes Publikum, ein großes Hinterland, das bis ins Ruhrgebiet, bis nach Holland und Belgien reichte, eine verkehrsmäßig günstige Lage mit kurzen Wegen nach Paris und London und eine breite Schicht von potenziellen Sammlern. Hierzu kamen zahlreiche Museen, mit Lempertz ein renommiertes Auktionshaus und – so meinte ein in Düsseldorf ansässiger Spötter – die Erfahrungen aus jahrhundertelangem Reliquienhandel.

Die erste kommerziell funktionierende Galerie der neuen Generation war die von Rudolf Zwirner. In rascher Folge zeigte er Arbeiten von Konrad Klapheck (1962), die sieben Minuten dauernde Ausstellung von Daniel Spoerri »bis das Ei gekocht ist«, zum ersten Mal in Köln eine größere Sammlung mit Werken von Jean Dubuffet, René Magritte mit Ölbildern und Gouachen (beide 1966), Dan Flavin, eine Ausstellung »Neue Sachlichkeit« (beide 1966), Michelangelo Pistoletto, John Chamberlain (beide 1967), und er lud ein zu einer Vernissage mit Bildern von Gerhard Richter (1968). Schon die Einladungskarten zu den diversen Ausstellungseröffnungen sind Sammlerstücke. Sie stammen von Hannes Jähn.

Natürlich gab es in der Öffentlichkeit auch Reakt von Unverständnis bis hin zu offener Ablehnung. »Halte Sie das für Kunst?«, fragte der »Spiegel« 1968 den Kölner Galeristen Rolf Ricke, der »merkwürdige Gebilde« anbot: zum Beispiel eine Ansammlung unregelmäßiger Streifen aus Blei des Amerikaners Richard Serra und einem Haufen sandgefüllter Stoff-Wülste des Engländers Barry Flanagan. Das war nicht jedermanns Sache. Eine zweite, bisher nichtgekannte Schwierigkeit kam aus der Sicht der Händler hinzu: Die angebotenen Objekte wurden größer und größer, lagen platzgreifend auf dem Boden oder standen sperrig im Raum. Auch Sammlern, die das nötige Engagement aufbrachten, ging rasch der Platz aus. Besonders schwierig wurde es bei Projekten der sogenannten Land Art. »Wenn der Künstler in die Wüste geht, muss der Sammler zufrieden sein, einen Bericht zu bekommen, der dann, zusammen mit einem Foto, praktisch das Kunstwerk darstellt.« Nur circa ein Drittel von dem, was bei den von ihnen vertretenen Künstlern entstand, war für die Galeristen verkäuflich.

Eine Sammlung der Kunst dieser Aufbruchsjahre auf hohem Niveau war die von Wolfgang Hahn. Er ließ sich von den Künstlern und ihren Aktionen in einem Maße begeistern, dass er oft auf der Stelle kaufte und dadurch manche Aktion überhaupt erst ermöglichte. Internationale Stars waren in seiner Sammlung repräsentativ vertreten, aber auch die Kölner Szene mit Arbeiten von Wewerka, Spoerri, Christo, Paik und Vostell. Köln verpasste die Chance, die Sammlung Hahn zu erwerben, sie ging nach Wien.

Vor ihrem Abtransport wurde sie aber in Köln gezeigt. Diese Ausstellung soll das Aachener Sammler-Ehepaar Irene und Peter Ludwig, Mitinhaber der Trumph-Schokoladenfabrik, dazu bewogen haben, ihre Sammlung als Dauerleihgabe dem Kölner Wallraf-Richartz-Museum zu überlassen.

Über 70 Spitzenwerke internationaler Künstler der sogenannten nachinformellen Malerei und Plastik hielten 1969 Einzug in das Gebäude »An der Rechtsschule« und ergänzten den Bestand des Museums an alten und neuen Meistern bis in die Gegenwart. Für Kulturdezernent Hackenberg war dies die »Erfüllung eines Traums«. Und vielleicht hatte er recht, wenn er meinte, um diese Sammlung werde Köln in der ganzen Welt beneidet. Für das Kölner Publikum waren die Leihgaben gewöhnungsbedürftig. Es reagierte empört oder amüsiert, mit Kopfschütteln oder Zustimmung. Gelangweilt hat sich sicher niemand.

Kölner Galeristen mit internationalen Kontakten wollten der marktbeherrschenden amerikanischen Konkurrenz nicht länger tatenlos den Vortritt lassen. In ganz Europa gab es keinen Handelsplatz für zeitgenössische Kunst, der es mit New York hätte aufnehmen können. In dieser Situation ergriffen Hein Stünke und Rudolf Zwirner die Initiative, motivierten ihre Kollegen und überzeugten den Kulturdezernenten mit dem Ergebnis, dass ihnen der Gürzenich 1967 für den ersten Kunstmarkt kostenlos zur Verfügung gestellt wurde. Er wurde ein unerwartet großer Erfolg: ein neugieriges Kölner Publikum strömte in Scharen, die Presse berichtete ausführlich, und – wenngleich der Umsatz gar nicht das entscheidende Kriterium war – es kam zu Verkäufen.

Im Jahr drauf zog der Kunstmarkt in die Kunsthalle um. Die Aussteller brauchten mehr Platz, darin war man sich einig. Wem aber stand der Platz zu? – Als Träger und Veranstalter wurde der »Verein progressiver deutscher Kunsthändler« gegründet, und er entschied, wer zugelassen wurde und wer nicht. Darüber kam es zum Streit. Viele Galerien, die ihr Programm für ebenso »progressiv« hielten wie das der anderen, protestierten dagegen, ausgeschlossen zu werden. Gegen das Kulturamt erhoben sie den Vorwurf, den

Interessen einer elitären Minderheit Vorschub zu leisten. In Köln tobte der Kulturkampf.

Eine aufgebrachte Schar vor allem junger Leute empfing den Oberbürgermeister und in seiner Begleitung das Kölner »Establishment« zur Eröffnung der Ausstellung »Jetzt« mit Schaum aus Feuerlöschern. Aber die Stadt reagierte souverän und suchte nach einer Lösung des Konfliktes. In den folgenden Jahren wurde, nur 100 Meter von der Kunsthalle entfernt, ein riesiges Zelt aufgestellt, das einen gesamten Platz überspannte. 100 000 Besucher strömten jeweils zum »Neumarkt der Künstler«, der mit seinem bunten Treiben und höchst unterschiedlichem Angebot eher einem Jahrmarkt glich als einem seriösen Umschlagplatz für Kunst.

Namhaften ausländischen Galerien konnte man die Teilnahme am Kunstmarkt freilich nicht verwehren. Die damit verbundenen Erweiterungen führten zu einem Umzug von der Innenstadt in die Messehallen. Jetzt wurde die Atmosphäre ganz vom Geschäft bestimmt. Köln hatte sich unangefochten als Handelszentrum für aktuelle Kunst, als europäischer Gegenpol zu New York etabliert, aus dem »Kunstmarkt« für ein regionales Publikum wurde die »Art Cologne« für eine internationale Kunstszene. Der »Neumarkt der Künste« aber verlor an Schwung, schließlich gaben seine Organisatoren auf.

Bis in die Achtzigerjahre hielt die Spannung an, immer neue Aktivitäten und Ereignisse machten von sich reden: Der Kölner Kunstverein profilierte sich mit Ausstellungen wie »Happening und Fluxus«; der »Stadt-Anzeiger« startete unter großer Beteiligung seiner Leser eine Umfrage, ob die nackten Frauen auf den Bildern von Mel Ramos, die die Galerie Tobiès und Silex zeigte, mit schwarzen Keuschheitsbalken zu versehen seien oder nicht; im ausverkauften Theater am Rudolfplatz lief der vier Stunden Underground-Film »The Chelsea Girls« von Andy Warhol; 168

Kölner Künstler stellten in der Kunsthalle ihre Arbeiten aus. Kommentar eines Rezensenten: »In der Kunst mögen die Kölner keinen Sex.«; Rolf Ricke, Hans Neuendorf, Reinhard Onnasch und andere verlegten ihre Ausstellungsräume in das Galeriehaus in der Lindenstraße; nach Berlin und Duisburg wurde auch in Köln eine Artothek geplant; Fritz Gruber, der Vater der photokina, bestückte mit seiner berühmten Foto-Sammlung verschiedene Ausstellungen; die Cinemathek entwickelte zum Kunstmarkt ein Projekt mit attraktiven Erstaufführungen; die Werkschule veranstaltete eine »Kölner Konferenz zur Kunsttheorie« mit Herbert Marcuse, Max Bense und Bazon Brock; Land-Art-Aktionen im Abraumgebiet der Rheinischen Braunkohle wurden zur Persiflage auf die erste Mondlandung der Amerikaner; die »Machtwächter« gaben »Rot für die Welt«, »Floh de Cologne« zog mit Agitationsstücken durch die Stadt; »X-Screen« zeigte erstmals in Köln ein Festival des internationalen Computerfilms und Walter König baute das Angebot in seinen Buchhandlungen zum besten Sortiment an Kunstbüchern in Deutschland aus.

An Glanzpunkten war im kulturellen Leben der Stadt kein Mangel. Köln fühlte sich als Kunstmetropole. Wie nirgends sonst wurde dem Schaulustigen wie professionellen Sammler nah beieinander aktuelle Kunst so reichhaltig und so vielfältig geboten wie in Köln. Eine ganze Generation von jungen Künstlern wurde vom Kölner Kunsthandel »gemacht«. Eine besondere Qualität bestand dabei darin, dass ganz unterschiedliche künstlerische Haltungen toleriert wurden und sich nebeneinander entwickeln konnten. Dadurch entstand ein Gefühl des Überflusses, das Sammler anzog und zum Kauf animierte. In Köln entstanden bedeutende Privatsammlungen, aus deren Beständen zwei Ausstellungen bestückt werden konnten: 1988, von Rudolf Zwirner betreut, »Köln sammelt« und vier Jahre später »Ars pro domo«, für die Wilfried Dickhoff als Kurator verantwortlich war. Die Ausstellungsmacher hatten die Qual der Wahl, so groß war die Vielfalt und Qualität dessen, was sie vorfanden. In Köln wurde nicht nur eine Menge zeitgenössischer Kunst angehäuft, die Sammlungen erwiesen sich als sehr genau nach den Interessensgebieten und Vorlieben ihrer privaten Besitzer strukturiert. Beide Ausstellungen fanden starke Resonanz in der Kunstszene. Sie führten zu einer erneuten Auseinandersetzung um das, was heute als Kunst gilt und was sie morgen sein könnte.

Von dem Angebot der Kölner Galerien ging ein Sog aus, der die Preise klettern ließ. Irgendwann wurde zum ersten Mal die 100 000-Mark-Grenze für ein Bild eines lebenden Künstlers überschritten, danach war der Himmel nach oben offen. »Kunst ist, was Kunstexperten in angesehenen Museen, Ausstellungshäusern, Zeitschriften und Büchern als Kunst vorgestellt wird«, formulierte der Herausgeber von »art aktuell« den Geist der Zeit. Banken und Versicherungen folgten dem Trend und legten ihr Geld in moderner Kunst an, als handele es sich um Goldbarren. Das Geschäft boomte, solange es der Wirtschaft gut ging.

Der Einbruch begann 1990. Keiner wollte von Rezession sprechen, aber es war unübersehbar: die goldenen Zeiten waren vorbei. Die Preise für Kunst stürzten ab, den Galeristen erging es nicht besser als dem gesamten Einzelhandel, sie mussten den Gürtel enger schnallen. Statt kräftig einzukaufen, archivierten die Sammler ihre Bestände, und die stadtbekannten Sponsoren, die mit der Übernahme der Kosten so manche Ausstellung erst ermöglicht hatten, zeigten sich nicht mehr so ansprechbar wie früher.

Zwar hatte Köln pro Quadratmeter immer noch mehr Museen und Galerien als jede andere europäische Stadt, aber der Hype war einem Zustand der Ernüchterung gewichen. Vorbei die Zeiten, in denen die Szene sich selbst feierte und sich in Lokalen wie dem »Plenum« oder im »Exil« die Nächte um die Ohren schlug, Legende die langen Nächte im »Roxy« in der Maastrichter Straße, dem wahren Treff der Kölner Boheme in der Mitte der Siebzigerjahre; das »Roxy«, eng, schummrig und ein bisschen verkommen, in dem Claus Otto Paeffgen »das Zittern des Mondes« zum Besten gab, wo Walter Dahn und Georg Dokoupil den synthetischen Künstler erschaffen wollten und wo zur späten Stunde Marcel Odenbach mit Jürgen Klauke Messdiener spielte.

Kippenberger war aus Berlin, Albert Oehlen aus Hamburg, Sigi Anzinger aus Wien nach Köln gekommen. Diese und viele andere Wahlkölner, wie Sigmar Polke, Gerhard Richter, Markus Lüpertz, Ulrich Rückriem, Jürgen Klauke, Georg Dokoupil, Walter Dahn oder Rosemarie Trockel, die Teil der Kunstszene wurden, entwickelten so etwas wie Hingehörigkeitsgefühle, mitunter sogar Anflüge von Lokalpatriotismus, Sympathie für die Kölner Mentalität.

Im September 1986 wurde das Museum Ludwig eröffnet, mit seinen Beständen an moderner Kunst und guten Möglichkeiten für Wechselausstellungen das »Flaggschiff« der Kölner Museen. Es ist benannt nach Peter und Irene Ludwig, die neben Pop-Art und Russischer Avantgarde dem Museum jene Picasso-Sammlung gestiftet haben, die es an Bedeutung mit denen in Paris und Barcelona aufnehmen kann. Sein Direktor, Kasper König, ist »voll des Mutes und der Zuversicht«, dass es ihm gelingt, trotz der finanziell äußerst schwierigen Lage eine neue Publikumsbindung aufzubauen, internationale Kooperationen zu verstärken und Jahr für Jahr durch gezielte Neuerwerbungen den Bestand des Museums zu ergänzen. Er plant Ausstellungen, die deutlich machen sollen, was bildende Kunst heute zu bieten hat. Aber er räumt ein, dass sein Museum sich in einer ähnlichen Situation befindet wie die großen Buchverlage: Er ist darauf angewiesen, alle ein bis zwei Jahre einen Bestseller zu landen, »der voll auf den Zeiger haut« und ein großes Publikum anlockt, am besten eine Ausstellung, die »zugleich ein kritischer Beitrag auf höchstem Niveau ist«.

Die Kölner Stadtoberen, meist überschwänglich stolz auf historische Orte und Traditionen jeglicher Art, ordneten 2003 den Abriss der Kunsthalle am Haubrich-Hof samt Kunstverein und Volkshochschul-Forum an, ohne dass der geplante Neubau solide finanziert war. Zurück blieb eine hässliche Baugrube. »So geht das in Köln«, höhnte die Frankfurter Allgemeine Zeitung, »das Loch ist zum Symbol der Kölner Kulturpolitik geworden.« Der drohende Verkauf des Grundstücks kam nicht zustande. Das Loch wurde geschlossen und das mehrfach totgesagte »Kulturzentrum am Neumarkt« gebaut. In einem seiner fünf Baukörper hat endlich wieder das Rautenstrauch-Joest-Museum mit seiner rund 65 000 Objekte umfassenden völkerkundlichen Sammlung einen Platz gefunden, der seiner Bedeutung gerecht wird. Als neues Wahrzeichen des über einhundert Jahre alten Museums wurde in seinem Foyer ein siebeneinhalb Meter hoher historischer Reisspeicher aufgebaut.

Das benachbarte Schnütgen-Museum erhält zusätzliche 330 Quadratmeter Ausstellungsfläche, außerdem sind im »Kulturzentrum« eine neue Kunsthalle für Wechselausstellungen, ein Vortragssaal der Volkshochschule, sowie Depots, Restaurierungswerkstätten und die 40 000 Bände der Bibliothek des Rautenstrauch-Joest-Museums untergebracht.

Der Kölner Kunstverein, eines der meistbeachteten Ausstellungsforen seiner Art in Deutschland, hat ein neues Domizil in der »Brücke« gefunden, einem Riphahn-Bau in der Hahnenstraße, früher Sitz des British Council.

Die Art Cologne will »Weltklassegalerien der jungen Kunst« in die Kunstmesse zurückzuholen und potente Sammler aus Übersee nach Köln locken. Sie muss gegenüber der Konkurrenz, vor allem der Basler Kunstmesse, die durch ein kleineres, aber hochkarätiges Angebot ein Muss für Schau- und Kauflustige geworden ist, neu an Profil gewinnen.

»Ist Köln alt und behäbig geworden?« und »Wie kommt man wieder aus dem Loch heraus?«, fragte die Presse. Düsseldorfs Oberbürgermeister machte sich unbeliebt mit der respektlosen Bemerkung, Köln sei ein Sanierungsfall, fügte aber gleich beschwichtigend hinzu, er beneide Köln um das fest zur Stadt stehende, wohlhabende Großbürgertum, das eine Art Schutzwall um die Stadt bildet und das »im Mäzenatentum sehr aktiv ist«. Rudolf Zwirner, der in den Sechziger- und Siebzigerjahren als einer der Initiatoren des Kunstmarktes in Köln vieles in Bewegung setzte, hatte den Eindruck, dass die Kunstszene immer mehr an Glanz verlor, »dass die Politik in Köln die Kunst nicht mehr trägt, und das ist bitter«. Dass diese Mutmaßung stimmt, hat sich im Mai 2004 gezeigt.

Mit dem Slogan »Wir leben das« hatte sich Köln als »Europäische Kulturhauptstadt 2010« beworben. »Das vielfältige Kunst- und Kulturangebot ist zweifellos eine der zentralen Standortqualitäten der Domstadt«, so Oberbürgermeister Fritz Schramma in einem Rundbrief. Das stimmt, reichte aber nicht aus. Für Nordrhein-Westfalen hat die Mitbewerberin Essen den Zuschlag erhalten.

Dass Köln als Kulturstandort an Boden verloren hat, ist auch Kulturdezernent Georg Quander bewusst. Es ist ihm gelungen, den Kulturetat in kleinen Schritten zu erhöhen, der 2005 nur magere 3,1 Prozent des Gesamthaushalts ausmachte. Im nationalen Ranking landete Köln auf einem schmachvollen siebenundzwanzigsten Platz. Und immer noch geben fast alle anderen Großstädte in Deutschland mehr Geld für die Kultur aus als Köln.

Das soll nun anders werden. Es liegt seit Ende 2008 ein

Kulturentwicklungsplan vor, der nichts Geringeres zum Ziel hat, als Köln zur »Kulturkapitale am Rhein« zu machen. 59 Maßnahmen empfehlen die Autoren des Plans als besonders dringlich. Die Medien reagierten mit verhaltenem Optimismus. »Da muss man am Ende vermutlich schon froh sein, wenn wenigstens ein wahrnehmbarer Teil des Wunschzettels zeitnah realisiert wird«, kommentierte Martin Oehlen im »Kölner Stadt-Anzeiger«. Aber die Kulturpolitik hat jetzt immerhin eine langfristige Perspektive.

Das Gürzenich-Orchester soll zu einem Kölner Philharmonischen Orchester entwickelt werden. Als dritte Sparte an den städtischen Bühnen ist eine neue Tanzkompanie vorgesehen. Das Historische Archiv soll einen Neubau erhalten. Im ehemaligen Kaufhaus »Kutz« sollen neue Flächen für Wechselausstellungen des Wallraf-Richartz-Museums geschaffen werden. Der Plan schlägt ein Haus der Kölner Autoren vor, das in Zusammenarbeit mit dem Literaturhaus entwickelt werden könnte. Begrüßenswert auch die Idee, ein Aufenthaltsstipendium für internationale Autoren einzurichten.

Diese und viele andere Vorschläge müssten die Verantwortlichen in Köln überzeugen, dass Kunst fraglos ein »Lebensmittel« ist. Es müsste ihnen gelingen, eine Aufbruchsstimmung zu erzeugen, wie Köln sie vor 40 Jahren erlebt hat. Ohne eine Vision und den leidenschaftlichen Willen, sie zu verwirklichen, lassen sich die in Köln vorhandenen Kräfte nicht aktivieren.

Da trifft es sich gut, dass bei einer Umfrage kaum eine andere deutsche Stadt von ihren Bewohnern als so lebenswert bezeichnet wird, dass gerade unter jungen Leuten Köln als besonders attraktiv gilt. Die Kölner sind begeisterungsfähig, aber wie gesagt, in Köln ist ohne Kunst, oder besser gesagt ohne Kultur alles nichts.

Zu Bethlehem geboren …

In über 160 Kölner Kirchen – nicht allein in katholischen – werden vor Weihnachten Krippen aufgestellt. Und sie erfreuen sich zunehmender Beliebtheit. Im November 1996 fand in Köln sogar ein Weltkrippenkongress statt, bei dem sich international organisierte Krippenfreunde trafen.

Die erste Krippe ist in Köln 1569 belegt. Im Kampf gegen die Bilderfeindlichkeit der Protestanten stellten die Jesuiten in ihrer Kirche auf einer quadratischen Bühne Wachsfiguren auf, die die Geburt Jesu Christi veranschaulichen sollten. Das war aber nur ein Vorläufer der Krippen-Leidenschaft. Richtig populär wurden sie im Rheinland erst 250 Jahre später. Auf das Jahr 1833 lässt sich ein Beispiel besonderer vorweihnachtlicher Geschäftstüchtigkeit datieren. Der Bonner Konditor Zilles kam auf die Idee, religiöse Figuren aus Marzipan herzustellen. Und Franz Stollwerck brachte im Advent 1868 eine »Krippe zu Bethlehem, ganz in Zucker gefertigt« auf den Markt. In den Achtzigerjahren des 20. Jahrhunderts kam es dann zum Eklat: Haribo »macht Kinder froh« präsentierte auf der Süßwarenmesse in Köln

Krippenfigürchen aus Weingummi. Ein solches Maß an Kommerzialisierung christlichen Brauchtums überbeanspruchte die Toleranz der deutschen Bischofskonferenz. Sie protestierte. Haribo zog sich auf die Produktion der klassischen Gummibärchen zurück.

Meine Mutter baute früher unterm Christbaum eine ganze Landschaft mit Bergen und Flüssen auf, in der die Heilige Familie mit Ochs und Esel mal unter einer gewaltigen Wurzel, mal in einem umgebauten Vogelhäuschen Zuflucht suchte. Die über fünfzig Figuren aus Bakelit saßen am Hirtenfeuer, fällten Bäume, hielten Markt ab und ganz im Hintergrund lag in einer Felsgrotte unbekleidet Magdalena, die Büßerin. Diese Inszenierungen, die jedes Jahr ein wenig anders ausfielen, habe ich geliebt.

Aus nostalgischen Gründen will ich mir einige der Kölner Krippen ansehen. Ob ich mich dabei an den »Krippenwanderweg« des Diözesanverbandes mit seinen fast hundert Stationen in Geschäften, öffentlichen Gebäuden, Kirchen und auf Weihnachtsmärkten halten werde, bleibt abzuwarten. Beginnen werde ich mit der Krippe im Dom, von der ich gelesen habe, dass sie aus fünf verschiedenen Szenen besteht, die zwischen dem ersten Advent und Mariä Lichtmess aufgebaut werden. Sehen will ich die »Miljöh-Krippe« von St. Maria Lyskirchen mit volkstümlichen Szenen aus dem Viertel; die »Heimat-Krippe« in St. Vitalis in Müngersdorf, und auch die Krippe von St. Johann Baptist, deren Figuren zum Teil aus Oberammergau stammen, und auch die »Friedenskrippe« in den Colonaden des Hauptbahnhofs. Sie zeigt Szenen der ersten Weihnacht nach dem Krieg im Winter 1946/1947, als die Kölner Altstadt um den Dom in Trümmern lag, darunter das »Fringsen« von Kohle. Josef Kardinal Frings hat damals den frierenden und hungernden Kölnern in einer denkwürdigen Predigt erklärt, das »Organisieren« von Dingen des täglichen Bedarfs, um in der Not zu überleben, sei keine Sünde und müsse erlaubt sein.

Wer es mir gleichtun will, aber noch leichte Widerstände überwinden muss, kann sich im Übrigen auf Goethe berufen, der auf seiner »Italienischen Reise« in Neapel angekommen sich von einer dortigen »entscheidenden Liebhaberei« anstecken ließ und auf einem Rundgang »die Krippchen« der Stadt besichtigte. Möglicherweise hat ja Goethe bei seinem Aufenthalt in Rom S. Maria Maggiore besucht und vor den Überresten der Krippe aller Krippen gestanden. Ob man ihm gesagt hat, dass das Jesuskind in diesen heiligen Reliquien erwiesenermaßen nie gelegen hat?

Literarisches Leben in Köln

Mein erster Kontakt mit der Kölner Kulturszene lässt sich datieren. Am 30. März 1955 fand als 204. der mittlerweile legendären Kölner Mittwochsgespräche eine Veranstaltung zu dem Thema »Sie verbieten schon wieder« statt. Moderator war, wie immer, deren Initiator und Organisator, der Bahnhofsbuchhändler Gerhard Ludwig. Auf dem Podium saß der Verleger Joseph Caspar Witsch, der durch seinen Sprachwitz und seine Lust am Argumentieren die Zuhörer faszinierte. So auch mich.

»Wir Demokraten sind geplagte Leute«, sagte Witsch. »Wir haben uns an die Zensur gewöhnt und sind schon zufrieden, wenn sie rechtsförmig vor sich geht.« Gemeint war die Tätigkeit der Bundesprüfstelle für jugendgefährdende Schriften. Er nannte sie nicht beim Namen, hielt aber ein eloquentes Plädoyer gegen die Intoleranz von übereifrigen Bürokraten, gegen die Anmaßung von Institutionen, gleich welcher Art, über den Inhalt von Büchern befinden zu wollen und warnte vor den Eiferern, die unter dem Vorwand, die Freiheit durch Verordnungen und Verbote vor

Missbrauch zu schützen, der Freiheit selbst zu Leibe rückten. – Nach einem katholischen Pfarrer, der heftig protestierte und meinte, Witsch öffne mit seiner Rede der Verbreitung von Schmutz und Schund Tür und Tor, meldete ich mich zu Wort. Witsch antwortete dem »jungen Mann« aus dem Publikum. Niemand konnte an diesem Abend ahnen, dass dieser sein Schwiegersohn und später sein Nachfolger bei Kiepenheuer & Witsch werden sollte.

Zwischen Dezember 1956 und Juli 1959 fanden 260 Mittwochsgespräche statt. In diesem restaurativen Jahrzehnt, in dem die Menschen mehr mit der Sicherung eines noch bescheidenen privaten Wohlstandes als mit intellektuellen Fragen beschäftigt waren, waren die wöchentlichen streitbaren Auseinandersetzungen im Wartesaal 3. Klasse des Kölner Hauptbahnhofs eine Kölner Institution. 400 bis 500 Besucher pro Veranstaltung waren der Durchschnitt. »Freier Eintritt, freie Fragen, freie Antworten« war die Devise von Gerhard Ludwig. Von der Möglichkeit, Argumente frei zu entwickeln und sie ungezwungen zu diskutieren, machten Referenten aus allen Bereichen des damaligen politisch-kulturellen Lebens ausgiebig Gebrauch. Journalisten wie Friedrich Sieburg oder Rudolf Augstein, Künstler wie Gustav Gründgens oder Werner Finck, Politiker wie Ludwig Erhard oder Carlo Schmid und natürlich zahlreiche Schriftsteller, darunter Ernst von Salomon, Leonhard Frank, Paul Schallück, Stefan Andres, Günter Weisenborn, Hans Henny Jahnn und Wolfgang Koeppen. Bis zur Gründung des Literaturhauses 40 Jahre später hat es in Köln keine regelmäßigen literarischen Veranstaltungen von solcher Bedeutung mehr gegeben.

Jürgen Becker und Hans Bender berichten übereinstimmend, dass das literarische Leben in Köln ansonsten alles andere als lebhaft war. Jürgen Becker, der 1950 nach Köln zurückkam, schilderte die damalige Situation in einem Brief folgendermaßen: Köln war »eine Nachkriegsstadt, die alles tat, den Krieg vergessen zu machen, der doch in so vielen Trümmerhalden, ausgebrannten Ruinen, leeren Schuttplätzen noch gegenwärtig war. Der erste, der einzige Schriftsteller-Freund, den ich damals hatte, lebte mitten im Ruinenfeld am Ursulakloster in einem Keller, dem das Haus darüber fehlte ... Dort saß in seinem freigelegten Gemäuer Jo Kirchner und schrieb wundersame Trümmergeschichten, die er mir vorlas. Ich las ihm meine Geschichten vor, wir besprachen einander und spielten, vor dem Publikum unserer damaligen Ehefrauen, Gruppe 47, ohne zu wissen, dass es sie gab.«

Es gab Bemühungen, aus Köln eine Buchstadt zu machen. Konrad Adenauer hatte den ehrgeizigen Plan, die Deutsche Bücherei, das zentrale Archiv der deutschsprachigen Literatur, von Leipzig nach Köln zu holen. Er zerschlug sich schnell, wie auch der Versuch, den Börsenverein des Deutschen Buchhandels für Köln zu gewinnen. Allein die Westdeutsche Buchhändlerschule bezog eine trutzige Villa in Rodenkirchen und blieb dort bis 1961. Auch gab es Bestrebungen, durch Zahlung einer Starthilfe von sage und schreibe 5000 Mark Köln als Standort für umzugswillige Buchverlage aus der sowjetischen Besatzungszone attraktiv zu machen. Einige kamen tatsächlich. So auch Joseph Caspar Witsch, mit einem Vertrag mit Gustav Kiepenheuer in der Tasche. Aber ihn lockte nicht die ausgesetzte Prämie; Witsch war Kölner und wollte seinen Verlag im Handelsregister seiner Heimatstadt eintragen lassen.

In den Fünfzigerjahren waren es vor allem Heinrich Böll und Paul Schallück, die die Literatur repräsentierten, die man mit Köln in Verbindung brachte. Böll war 1953 mit »Und sagte kein einziges Wort« Autor von Kiepenheuer & Witsch geworden. Er hatte zwei Jahre zuvor den Preis der

Gruppe 47 erhalten. Das hatte auf ihn aufmerksam gemacht, aber er war bei Weitem noch nicht der Erfolgsschriftsteller, der er einmal werden sollte. Die Herstellungskarte von »Und sagte kein einziges Wort« ist erhalten geblieben. Als erste Auflage wurden 3000 Exemplare gedruckt. Am Ende des Jahrzehnts hatte sich für Böll die Situation grundlegend verändert. Nach der Veröffentlichung von Erzählungen und Satiren und vor allem nach dem Roman »Billard um halb zehn« und der Verleihung des großen Kunstpreises des Landes Nordrhein-Westfalen galt er als »herausragender Vertreter der deutschen Nachkriegsliteratur«. Allmählich auch im Ausland, wo im Bewusstsein der meisten Lektoren und Literaturprofessoren die deutsche Literatur des 20. Jahrhunderts mit Thomas Mann ihren Endpunkt erreicht hatte. Von »Billard« kamen einige Übersetzungen zustande, wenn zunächst auch nur in kleiner Auflage.

Dieter Wellershoff, der im Herbst 1959 nach Köln kam, um Lektor bei Kiepenheuer & Witsch zu werden, erinnert sich: »Gleich zu Anfang lernte ich Heinrich Böll kennen … Wir waren sehr verschiedene Menschen, aber wir schafften es, uns so aufeinander einzustellen, dass eine über zwanzigjährige Zusammenarbeit möglich wurde, die im Wesentlichen problemlos war. Als ich Bölls Lektor wurde, war er längst ein autonomer Autor, der seine Themen, seine Sprache, seine Lebenssicht in vielen Büchern entfaltet hatte.« Wenn Böll ein Manuskript im Verlagshaus in der Rondorferstraße ablieferte, war es für ihn abgeschlossen. Er wollte es loswerden und ließ Wellershoff bei stilistischen Korrekturen freie Hand. Und wenn Wellershoff einen guten Titelvorschlag hatte wie »Gruppenbild mit Dame« oder »Fürsorgliche Belagerung«, dann war Böll einverstanden.

Zu seiner Geburtsstadt Köln hatte Böll zeitlebens ein ambivalentes Verhältnis. Es gab für ihn zwei Köln, die für ihn »heimatlich« waren: »Das Vorkriegsköln zwischen Raderthal und Chlodwigplatz, zwischen Vorgebirgsstraße und Rhein, dazu noch die Südbrücke und die Poller Wiesen; das zweite Köln … war schon ein anderes, das zerstörte Köln, in das wir 1945 zurückzogen. Diese beiden Köln sind Gegenstand der Erinnerung – und der Sentimentalität natürlich.« Das Köln des Wirtschaftswunders, die neue, laute autogerecht ausgebaute Stadt, wurde Böll zunehmend fremder. Darüber hat er oft geklagt, wenn er – »das ist ja schizophren« – mit seiner alten »Kiste« in den Verlag kam.

Paul Schallück, dessen Name unweigerlich fällt, wenn die Rede auf Nachkriegsautoren in Köln kommt, hat Romane und Erzählungen, Hör- und Fernsehspiele, Satiren, Essays und Gedichte geschrieben. In seiner Prosa wie in seinen journalistischen Arbeiten unternahm er den Versuch, die Hitler-Vergangenheit schreibend zu bewältigen. Es empörte ihn, wie scheinbar problemlos das, was damals in Deutschland geschah, aus dem öffentlichen Bewusstsein verdrängt wurde. Sein erster Roman, den er 1951 veröffentlichte, trägt den programmatischen Titel »Wenn man aufhören könnte zu lügen«.

Wen interessiert es noch, dass Paul Schallück als Neunzehnjähriger eingezogen und im Krieg schwer verwundet wurde. Die ihn kannten, schätzten ihn wegen seiner Aufrichtigkeit und seinem Engagement. Er mischte sich ein, er war ein kämpferischer, unbequemer Autor. Seine Auftritte bei Veranstaltungen waren eindrucksvoll, er hatte einen bitteren Humor, ich habe ihn mehrfach erlebt. – Heute ist Paul Schallück nahezu vergessen, nicht einmal sein bekanntester Roman »Don Quichotte in Köln« ist noch lieferbar.

Paul Schallück kam als Student nach Köln, hat in Köln gelebt und geschrieben, hat in Köln mit Heinrich Böll die »Germania Judaica« und die »Gesellschaft für christlich-jüdische Zusammenarbeit« gegründet und ist 1976 im Alter von nur 54 Jahren in Köln gestorben. Siegfried Lenz hat über ihn gesagt: »So direkt, so ungeduldig und anklägerisch hat wohl kein anderer Schriftsteller der deutschen Nachkriegszeit nach dem Verbleib der Wahrheit gefragt und nach den Schlussfolgerungen, zu denen sie zwingt.« – Den »Literaturpreis der Stadt Köln« hat er nicht bekommen. Er hätte ihn verdient.

Am 2. Januar 1963 ging ich zum ersten Mal durch die dunkelbraune Eichentür des Verlagshauses in der Rondorferstraße, nicht ahnend, was dieser Schritt über die Schwelle an meinem ersten Arbeitstag für den Rest meines Berufslebens bedeuten würde. Meine Zukunft war vielversprechend, aber mein Arbeitsgebiet ungeklärt. Nichts und niemand bei Kiepenheuer & Witsch war auf mein Kommen vorbereitet, außer einem Schreibtisch älteren Baujahrs mit einem Stuhl davor in einer Mansarde im zweiten Stock.

Joseph Caspar Witsch war es nicht gegeben, die Verantwortung für seinen Verlag mit einem Juniorpartner zu teilen. Er war viel unterwegs, anstehende Entscheidungen mussten bis zu seiner Rückkehr warten. In dieser Situation war Dieter Wellershoff für mich wichtigste Bezugsperson im Verlag. Wenn wir abends in seinem Büro zusammensaßen, entwickelte er die Vorstellung von einer neuen, realistischen Schreibweise, die eine sinnlich erfahrbare Alltagswirklichkeit zu ihrem Thema machte. Bei Kiepenheuer & Witsch wollte er junge Autoren versammeln, deren Prosa weder ins Fantastische abhob, noch sich in den Manierismen der Groteske verlor. Wellershoff nahm Anstöße des nouveau roman auf, ein Konzept, bei dem »anstelle der universellen Modelle des Daseins, überhaupt aller Allgemeinvorstellungen über den Menschen und die Welt« der subjektive Erfahrungsbereich des Einzelnen tritt, »das gegenwärtige Leben in einem begrenzten Bereich«.

Dieter Wellershoff hatte einen Band herausgegeben, mit dessen Publikation Kiepenheuer & Witsch mit einem Schlag einer der führenden Verlage für deutsche Literatur der Gegenwart wurde. Die Idee, die diesem Band zugrunde lag, war einfach, fast schulmeisterlich. Wellershoff war auf etwa ein Dutzend jüngere Autoren durch verstreute Veröffentlichungen in Zeitschriften aufmerksam geworden, und diese forderte er nun auf, eine Erzählung zum Thema »Ein Tag in der Stadt« (1962) zu schreiben. Sechs Beiträge wählte er mit sicherem Gespür aus, alle sechs fanden große Beachtung. Für Günter Herburger (»Eine gleichmäßige Landschaft«, 1964), Günter Seuren (»Das Gatter«, 1964), Nicolass Born (»Der zweite Tag«, 1965) sowie für Rolf Dieter Brinkmann (»Die Umarmung«) und Günter Steffens (»Der Platz«, beide 1965) wurde Köln zum verlegerischen Bezugspunkt.

Heinrich Vormweg, immer offen für eine Auseinandersetzung mit neuen literarischen Tendenzen, prägte den Begriff »Kölner Schule des Neuen Realismus«. Er erkannte bei den Autoren der »Kölner Schule« – wenn es denn eine war – eine Gemeinsamkeit: eine von der bewegten Kamera in die schriftliche Darstellung übernommene Blickführung. Der Film, nicht die konkrete Poesie war das »Nachbarmedium« der neuen Autoren um Dieter Wellershoff.

Es war gelungen, mit diesem einen Band, Köln als Ort im literarischen Diskurs der Bundesrepublik wieder ins Bewusstsein zu rücken. Die Stadt aber, beziehungsweise ihre offiziellen Vertreter, nahmen dies nicht weiter zur Kenntnis. Zu sehr waren sie mit ihren Museen, den Theatern und der Oper beschäftigt, um sich noch zusätzlich für Entwicklungen in der Literatur zu interessieren. Schriftstellern und ihren Werken einen Resonanzboden zu verschaffen, überließen sie den Verlagen, Buchhandlungen und Feuilletonredakteuren in Köln. Dabei hätte mit ein wenig

Zuspruch und mit geringen Aufwendungen Köln schon Mitte der Sechzigerjahre die Chance gehabt, einer der drei zentralen Orte auf der literarischen Landkarte Deutschlands zu werden.

Damals waren Hans Bender und Peter Härtling, zuständig für die Literatur, und Heinrich Vormweg als Kritiker bei der »Deutschen Zeitung / Wirtschaftszeitung« tätig, die erst im Kaufhaus Peters, später in der Apostelnstraße redigiert und im Pressehaus in der Breite Straße gedruckt wurde. Sie hatten den Ehrgeiz, »das beste Feuilleton zu machen, ein Forum für Kenner, Leidenschaftliche«. Der Chefredakteur gewährte ihnen alle Freiheiten. Sie konnten ungehindert planen, was sie sich ausdachten, konnten sie verwirklichen. Eine Zeit lang sogar eine Literaturbeilage nach dem Vorbild des »Times Literary Supplement«.

Hans Bender und Peter Härtling kamen im Laufe des Jahres 1959 nach Köln – beide nicht ganz freiwillig. Sie folgten der »Deutschen Zeitung«, deren Redakteure sie waren, von Stuttgart an den Rhein. – Bender wäre lieber südlich des Mains geblieben und noch heute verrät sein Tonfall den Süddeutschen. Er hat Gedichte, Geschichten und Romane geschrieben, aber sein eigentliches Lebenswerk ist die Zeitschrift »Akzente«, die er begründet und bis 1980 herausgegeben hat. Ungezählt die Einsender von Manuskripten, aus denen er Autoren gemacht hat. Die Redaktion in der Brüderstraße 3 war gleichzeitig seine erste Wohnung in Köln.

Jürgen Becker soll einmal in angeheiterter Stimmung über den Tisch gerufen haben: »Du, Bender, lebst in Köln wie ein Tourist!« Hans Bender hat nicht widersprochen. Walter Höllerer hat ihm zweimal angeboten, sein Nachfolger als Leiter des Literarischen Colloquiums in Berlin zu werden. Aber Hans Bender blieb, auch als es gar keinen beruflichen Grund mehr gab zu bleiben. »Wenn ich am

Bahnhof aussteige, überfällt mich das Gefühl: Hier bist du zu Hause«, hat er mal in einem »Selbstgespräch« gestanden. Er kennt sich gut aus in den Kölner Museen, hat über den Heinzelmännchenbrunnen, die Mataré-Domtüren, über alte und neue Fenster Kölner Kirchen, über die Vierzehn Nothelfer in St. Aposteln und über St. Pantaleon, die Kirche, die Kaiserin Theophanu liebte, geschrieben. Dem Taubenbrunnen vor dem Kölner Dom hat er einen Vierzeiler gewidmet, und im »Stadt-Anzeiger« erschien ein Artikel von ihm über den Zülpicher Platz. Köln ist ihm vertraut geworden als eine Großstadt in überschaubaren Dimensionen. »Köln hat nichts Abweisendes, Strapaziöses.«

»Wer mit der Bahn in Köln ankommt, legt den Kopf in den Nacken, begrüßt den Dom.« – Peter Härtling hat in seinen Erinnerungen den Kölner Jahren ein Kapitel gewidmet. Man hatte ihn anfangs in einem finstren möblierten Zimmer am Eigelstein, einem »von schmutziger Firnis überzogenen Viertel«, untergebracht; später holte Hans Bender den Jungvermählten in die Brüderstraße, wo über seiner eine Wohnung frei geworden war. »Keine Stadt hat sich mir, habe ich mir so erschlossen, wie Köln.« Jürgen Becker, ein »Stadtgänger aus Leidenschaft«, half dem Zugereisten dabei. Zum »Campi« flanierten sie durch die Hohe Straße, die erste Fußgängerzone der Stadt, sie »bestand aus mehr oder weniger geschickt kaschierten Baracken und ein paar feuerverschonten Häusern«. Durch seine Verlegerin bei Goverts lernte Härtling Joseph Caspar Witsch kennen, »an einem Nachmittag im Domhotel, an dem es keine wortlose Sekunde gab, sich die Sätze knäulten, kölnisch und ungarisch gefärbt, schnell, ständig aus der Laune, den anderen, die anderen überreden zu wollen«.

Als ihr die Finanziers die Zuwendungen entzogen, musste die »Deutsche Zeitung« ihr Erscheinen einstellen. Peter Härtling fiel der Abschied aus Köln schwer. Vor seinem Umzug nach Berlin erlebt er zum drittenmal den Kölner Karneval. Ein melancholisches Bild prägte sich ihm ein, das er als Erinnerung mitnahm: »Plötzlich, vor Kolumba, tauchte ein Clown auf, nicht ganz sicher auf den Beinen, tief versunken in eine ihn glücklich stimmende Erinnerung. Er bemerkte uns nicht, beanspruchte Köln als seine Bühne. Doch seine Einsamkeit teilte sich uns eigentümlich beredt mit.«

Ein Anziehungspunkt für Schriftsteller aus ganz Deutschland waren die in Köln beheimateten Rundfunksender. Die »Deutsche Welle«, der »Deutschlandfunk« und insbesondere ab 1960 die von Klaus Schöning geleitete Hörspielabteilung des Westdeutschen Rundfunks boten Autoren neue und interessante Arbeitsmöglichkeiten. Statt der bisher üblichen akustischen Adaption von Bühnenstücken, wollte Schöning das Hörspiel zur eigenen Kunstform, »zum rhythmisch strukturierten Spiel mit Versatzstücken aus Sprache, Musik, Geräusch und akustischer Leerstelle« entwickeln. Das neue Hörspiel probte die Überschreitung der traditionellen medialen Grenzen und wurde so neben experimentellen Autoren wie Ernst Jandl, Helmut Heißenbüttel und Franz Mon auch für Komponisten wie Mauricio Kagel attraktiv. Die Abteilung wurde Anfang der Neunzigerjahre aufgeteilt in das von Schöning geleitete »Studio akustischer Kunst« und die Hörspielabteilung unter Wolfgang Schiffer und Johann M. Kamps.

Vielleicht waren tatsächlich die vielfältigen Arbeitsmöglichkeiten beim Funk, bei Zeitungen und Zeitschriften der Grund, dass in den Sechzigerjahren in Köln mehr Autoren lebten als in den anderen Städten Nordrhein-Westfalens. Dennoch gab es erstaunlicherweise nicht das, was man ein literarisches Leben nennen könnte. Es gab 1963 einen nur kurzlebigen Versuch, einen Literatentreffpunkt zu etablieren. Es war Hans Bender, der die Initiative ergriff. Jeden Donnerstagnachmittag traf man sich im »Kranzler« am Ring zu einem Autoren-Stammtisch. Dieter Wellershoff hat mich einmal mitgenommen. Die Atmosphäre war angenehm. Albrecht Fabri und Heinrich Vormweg unterhielten sich angeregt über Wohnungsmieten, Gerhard Zwerenz schimpfte auf einen Gewerkschaftsfunktionär, und Hans Bender verteilte einige druckfrische Exemplare der Zeitschrift »magnum«, die im Verlag M. DuMont Schauberg erschien und deren Chefredakteur er seit 1962 war. Auf jedes neue »magnum«-Heft wartete ich mit Ungeduld. »magnum«, die »Zeitschrift für modernes Leben«, setzte absolut neue Maßstäbe in der Fotografie, und seine Textbeiträge zu Schwerpunktthemen wie »Der umworbene Mensch« oder »Deutschlands Schriftsteller« kamen immer genau zur richtigen Zeit. – Im Herbst 1965 ging Hans Bender als Lektor für zehn Monate nach München. Diesen Weggang seines Spiritus Rector hat der Literaten-Stammtisch im »Kranzler« nicht überlebt.

»Im Grunde hat man, habe ich in Köln sehr isoliert gelebt«, sagt Jürgen Becker. »Was einen inspirierte, war das Kölner Straßenleben, der Eigelstein, die Würstchenbude.« Und gelegentliche Besuche in der Eisdiele Gigi Campis in der Hohe Straße. Da gab es den besten Espresso und den ersten Cappuccino in Köln, da trafen sich Künstler aller Gattungen, vor allem Jazzmusiker, die an manchen Abenden wie zufällig ihre Instrumente dabeihatten und zu spielen anfingen.

Hans Bender, von Hannes Jähn bei Gigi Campi eingeführt, war so angetan vom Genius Loci, dass er dort das Fest zum 25-jährigen Bestehen der »Akzente« feierte. Jürgen Becker ging ins »Campi«, um sich mit anderen Ideen und Konzepte auszudenken. »Natürlich ein Ort der Illusionen. Man hatte ja im Kopf die Legenden vom ›Romanischen

Café‹ in Berlin, vom ›Café Flore‹ in Paris, vom ›Blue Note‹ in New York.« Wer in Köln Teil der damaligen Avantgarde war oder doch sein wollte, tauchte im »Campi« auf. Stammgast war Hans G. Helms, der Verfasser eines monströsen Prosawerkes, geschrieben in der Nachfolge des späten Joyce. Es hieß »Fa:m 'Ahniesgwow«, und wie der unaussprechliche Titel vermuten lässt, war es ein Buch für die Eingeweihten, nicht für die normalen Sterblichen, ein Buch, das verstanden, aber nicht gelesen werden wollte.

Jürgen Becker und Wolf Vostell brachten 1965 eine Dokumentation über »Happenings« heraus; mag sein, dass die Idee dazu in jener Eisdiele in der Hohe Straße geboren wurde.

Waren in den Fünfzigerjahren die einzelnen kulturellen Bereiche damit beschäftigt nach der Katastrophe mit neu definierten Inhalten neue Territorien zu besetzen, so kam es in den Sechzigerjahren zu dauerhaften Grenzüberschreitungen. Die Literatur holte sich Impulse von der Musik, der bildenden Kunst, von Happening, Theater und Film. An keinem anderen Ort so wie hier, Köln war ein Kreuzungspunkt.

Eine bedeutende Rolle als Vermittler hatten Hein und Eva Stünke. In ihrer Galerie »Der Spiegel« zeigten sie neben Ferdinand Möller als Erste in der Stadt radikal die neue Malerei einer internationalen Avantgarde. Die Vernissagen bei Stünke waren Ereignisse, zu denen ein neugieriges Publikum strömte. Viele kamen »vor allem wegen Albrecht Fabri, der mit zitternden Händen ein Blatt Schreibmaschinenpapier festhielt und einen Drei-Minuten-Text vorlas, den niemand verstand, aber jeder wunderbar fand«, erinnert sich Jürgen Becker. Fabri war ein profunder Kenner vor allem der Schriften von Paul Eluard, er verehrte Max Ernst, DADA und der Surrealismus waren seine Lebensthemen. – Einmal gab es in der Galerie »Der Spiegel« einen denkwürdigen Abend: Jürgen Becker, Helmut Heißenbüttel und Franz Mon veranstalteten unter dem Titel »In jeder Ecke ein Geräusch« eine Simultanlesung, an der Albrecht Fabri, der vierte Leser, nur in Form einer Tonbandaufzeichnung teilnahm.

Dieter Wellershoff und Jürgen Becker lernten sich 1960 beim ersten Kölner Konzert von John Cage kennen. Im selben Jahr lasen beide bei der Tagung der Gruppe 47 kurze Prosatexte vor, die sprachlich noch ziemlich nah beieinanderlagen. Aber in ihrer weiteren Entwicklung gingen sie auf Distanz. 1964 erschien »Felder«, der erste Prosatext von Jürgen Becker, eine Aufarbeitung autobiografischer Materialien, Erinnerungen, durchsetzt von Feststellungen und Notizen zu Tagesereignissen in Sätzen, »die nie länger als ein Atemzug sind«. 1968, dem Erscheinungsjahr von »Ränder«, erhielt er nach Heinrich Böll als zweiter Kölner Autor den Literaturpreis der Stadt. Von Dieter Wellershoff erschien 1966 »Ein schöner Tag«, sein erster Roman, mit dessen Veröffentlichung der langsame Prozess seiner Wandlung vom Lektor zum Autor begann.

Mitte der Sechzigerjahre betrat Rolf Dieter Brinkmann die Kölner Literaturszene. Ich begegnete ihm zum ersten Mal auf dem Flur des Verlagshauses in der Rondorferstraße. Unangemeldet war er gekommen, um »Herrn Witsch« zu sprechen, und jetzt schäumte er, weil Witsch nicht zu sprechen war. Ich wollte ihm eigentlich nur kurz sagen, wie gut mir seine Erzählung »In der Grube« gefallen hatte. Aber er war nicht in der Stimmung, eine Unterhaltung zu beginnen, mehr als ein »Hallo« ließ er nicht hören. Er war an mir nicht interessiert

Brinkmann änderte seine Meinung über mich erst einige Zeit später, genauer gesagt während der Frankfurter Buchmesse 1967. Der Grund für seinen Gesinnungswandel war ein Irrtum. In dem Jahr war Joseph Caspar Witsch gestorben, ich wurde Geschäftsführer bei Kiepenheuer & Witsch. Auf der Messe wollten wir mit einer Veranstaltung die Frage beantworten, wie es mit dem Verlag weitergehen sollte ohne die Persönlichkeit des Firmengründers. Zu diesem Zweck hatten wir eine Fabrikhalle gemietet und eine Lesung von Renate Rasp angekündigt, deren Roman »Ein ungeratener Sohn« gerade erschienen war. Brinkmann sollte zu Beginn, zwischendurch und als krönender Abschluss Gedichte aus seinem Band »Was fraglich ist wofür« lesen, als musikalische Untermalung brachte er eine Schallplatte von »Velvet Underground« mit.

Alles lief wie geplant. Der Raum war brechend voll. Ich sagte ein paar programmatische Sätze zur Begrüßung, Brinkmann absolvierte seinen ersten Auftritt ohne Publikumsbeschimpfung, dann kam Renate Rasp und tat etwas, was nicht geplant war: Sie zog erst ihr Jäckchen aus, dann – alle hielten den Atem an – ihre Bluse, stand oben ohne auf dem Podium, setzte sich und las ihren Text vom ungeratenen Sohn barbusig. Das Publikum war fasziniert, und der Abend wurde zum Messeereignis. Man beglückwünschte mich zu dem genialen Einfall. Und Brinkmann, der gerade Andy Warhols »Chelsea Girls« mit den nackten Superstars gesehen hatte, war auf einmal mit seinem neuen Verleger sehr einverstanden. Der Irrtum wurde nie aufgeklärt.

Die Entdeckung der amerikanischen Underground-Literatur, vor allem der New Yorker Lyriker aus dem Umfeld von Frank O'Hara, war für Brinkmann eine Offenbarung. Unter ihrem Einfluss radikalisierte er nicht nur sein eigenes Schreiben, er radikalisierte sein Lebensgefühl und sein Verhalten. Seine Einwürfe und Zwischenrufe bei Lesungen waren gefürchtete Störversuche. Zu älteren Autoren suchte er keinen Kontakt, er tat sie als »vermufft« ab. In kurzer Folge gab er zwei Anthologien mit neuer amerikanischer Lyrik heraus: »Acid« bei März und »Silver screen« bei Kiepenheuer & Witsch; beide avancierten rasch zu Kultbüchern, er selbst zur Kultfigur einer jüngeren Kölner Literaturszene. Wenn er im »Santa Marlena« am Ring einen Kaffee trank, war er Mittelpunkt, wenn er mit seinen Freunden bei »X-Screen« in der Ehrenstraße oder in den Hahnentorlichtspielen auftauchte, um sich einen amerikanischen Underground-Film anzusehen, dann folgte ihm ein Schwarm von Leuten, für die Dabeisein alles war.

Brinkmann war ungeheuer anregend, er besaß die Fähigkeit zu begeistern. Jedes Mal, wenn wir uns trafen, brachte er eine neue Idee mit. Er hätte in seinen produktivsten Jahren eine eigene Edition mit von ihm geschriebenen, von ihm geschätzten und von ihm übersetzten Büchern bestücken können. Das Verlagsdomizil, die Villa in Marienburg, passte ihm nicht. Seiner Meinung nach sollte ich das »Sanatorium« aufgeben und mich mit Kiepenheuer & Witsch in einem Altbau im »verrotteten« Kölner Zentrum einquartieren, da, wo das stinknormale Leben abläuft.

Auch Zeitschriften wollte er bei Kiepenheuer & Witsch herausgeben. Mein Einwand, wir hätten nicht den dazu erforderlichen Vertriebsapparat, enttäuschte ihn. Also machte er es mit seinen Freunden Ralf Rainer Rygulla und Rolf Eckhart John selber. »Der Gummibaum« und »Der fröhliche Tarzan« hießen sie, waren hektografiert, im Layout New Yorker Zeitschriften nachempfunden und hatten nur ein kurzes Leben. Heute haben sie einen hohen Sammlerwert.

Brinkmann ideologisierte die Spontaneität, in Wirklichkeit war er ein harter und konsequenter Arbeiter. Agitation wurde für ihn zum Stilmittel. Im Vorwort zu seinem Gedichtband »Die Piloten« (1968), für den er den teuersten Schutzumschlag per dato in der Verlagsgeschichte durchsetzte, schrieb er: »Sehen Sie hin, packen Sie das mal an, was fühlen Sie? Metall? Porzellan? Eine alte Kippe zwischen

Zeigefinger und Mittelfinger!...Man muss vergessen, dass es so etwas wie Kunst gibt! Und einfach anfangen.« Pop stand für ihn für Energie, Pop war für ihn ein Kampfbegriff, mit dem er seine Ästhetik einer umgangssprachlichen Direktheit gegen den »abgehobenen« Ton älterer, vom Literaturbetrieb anerkannter Lyriker durchsetzen wollte. Es hing mit Rolf Dieter Brinkmann und seinem Kreis zusammen, dass Ende der Sechzigerjahre der Siegeszug der Popliteratur in Deutschland von Köln ausging.

Kollegen haben versucht, ihn zu überreden, nach Berlin oder München umzuziehen. Aber er blieb im »rotten Cologne«, »in der verfluchten dunstigen Abgestorbenheit Kölns«. Maleen Brinkmann, seine Frau, meinte später: »Er wollte doch gerade dieses grobe Köln. Er brauchte es, um untertauchen zu können.« – Auf der Rückreise von einem Poetry Festival in Cambridge wurde er am 23. April 1975 von einem Auto überfahren. Er war, abends gegen halb zehn, unterwegs vom »Rhine-Hotel« zum »Shakespeare-Pub«, wo er zum Abendessen verabredet war. Er wohnte mit seiner Familie in der Engelbertstraße 65. Früher stand auf einem Stein am Eingang in ungelenker Schrift ein Spruch: »In diesem Haus / schrieb, liebte und hasste / Rolf Dieter Brinkmann / aber das Leben erschlaffte.« Die Fassade wurde vor Jahren renoviert, der Spruch dabei übermalt.

In Köln erschien eine von Peter Glaser zusammengestellte Anthologie, deren Titel auch so manchen Pop-Literaten der Sechzigerjahre gefallen hätte: »Rawums« (1984). In seinem »Explosé« bemerkt der Herausgeber, unter den jüngeren Schriftstellern würde in den letzten Jahren das Gerücht immer vernehmlicher, »Langeweile, Lahmarschigkeit und Literatur stünden für so circa dasselbe. Diese drei L haben sich im Laufe der Siebzigerjahre zu den unlustigen Schenkeln eines Bermudadreiecks gefügt, worin Begeisterung verloren ging.«

Im April 1969 hatte ich Kiepenheuer & Witsch übernommen, war alleiniger Inhaber und damit von allen Einreden Dritter unabhängiger Verleger geworden. Es war ein glücklicher Start. In meinem ersten Programm erschienen die »13 unerwünschten Reportagen« von Günter Wallraff. Er hat – mit Ausnahme von Heinrich Böll – wie kein anderer deutscher Autor das Selbstverständnis des Verlages ebenso wie seine Wirkung nach außen bis in die Mitte der Achtzigerjahre bestimmt. Wallraff betrieb nicht Provokation der Provokation willen, er wollte mit seinen Reportagen gesellschaftliche Bereiche ausleuchten, die sich dem Einblick der Öffentlichkeit entzogen. In »Der Aufmacher. Der Mann, der bei Bild Hans Esser war« (1977) beschrieb er das wie ein Staatsgeheimnis gehütete redaktionelle Innenleben der »Bild-Zeitung« in Hannover. Der Springer-Konzern schäumte vor Wut und versuchte, mit einer Prozesslawine ohne Beispiel dem Autor und dem Verlag den Garaus zu machen. Bezahlte Spitzel observierten wochenlang das Haus von Wallraff in der Ehrenfelder Thebäer Straße. Ich habe sie selbst ganz unauffällig an der Mauer gegenüber stehen sehen.

1970 ging von Köln eine Idee aus, die in allen Teilen der damaligen Bundesrepublik aufgegriffen wurde: Günter Wallraff und Erasmus Schöfer gründeten den »Werkkreis Literatur der Arbeitswelt«. In einem Statement haben die Initiatoren ihre Beweggründe formuliert: Der Werkkreis stelle sich die Aufgabe »der Leserschaft die Arbeitswelt näherzubringen; gleichzeitig soll Interessenten Mut gemacht werden, ihre Realität literarisch zu gestalten – um damit jedem die Möglichkeit zu geben, an der Verbesserung der verschiedenen Lebensbereiche mitzuarbeiten«. Der Werkkreis war mehr Impulsgeber als Talentschmiede. Als Gegenpol zu einer elitären Literaturauffassung passte er gut in sein Kölner Umfeld.

1974 kam es zur Einrichtung eines Dokumentationszentrums für Literatur. Mit »LiK« (Literatur in Köln) stellte die Stadt unter Beweis, dass ihr die Bedeutung der Literatur und der Stellenwert der in Köln lebenden Schriftsteller bewusst war. Das Archiv wurde in den Räumen der Stadtbibliothek untergebracht, und es fand sich in Uta Biedermann eine Leiterin, die mit Lust und Leidenschaft in jahrelanger Arbeit minuziös Daten, Zeitungsausschnitte und anderes dokumentarisches Material über Leben und Schaffen Kölner Autoren gesammelt und archiviert hat. Zusammen mit dem damaligen Direktor der Stadtbücherei, gab sie eine Schriftenreihe heraus, die auch »LiK« hieß, jeweils einen namhaften Kölner Schriftsteller oder Literaten zum Thema hatte und es auf 19 Ausgaben brachte.

»LiK« hat mit geringen Mitteln viel geleistet. Ihm ist es u. a. zu verdanken, dass Heinrich Böll sein Archiv, seine Manuskripte, Aufzeichnungen und Briefe aus den USA zurück nach Köln holte. Aber es konnte als Archiv nur das Gedächtnis des literarischen Lebens in Köln, nicht sein Austragungsort sein. Um die Kräfte zu bündeln und in der Absicht, nicht nur gelegentlich, sondern regelmäßig Lesungen auch mit auswärtigen Autoren veranstalten zu können, fusionierte 1975 die traditionsreiche »Literarische Gesellschaft« mit den »Freunden der Stadtbücherei«. Mit Fertigstellung der neuen Zentralbibliothek (1979) stand auch ein Veranstaltungsraum zur Verfügung. Allerdings lag er im Souterrain, war fensterlos und bei Publikum und Vortragenden gleichermaßen unbeliebt.

Von Roland Koch stammt die Erzählung »Mostly Blues«, die von einem alten, übellaunigen Schriftsteller handelt. Er sitzt in einem Café in der Ehrenstraße oder in einem Brauhaus am Friesenplatz und schimpft auf Gott und die Welt. So auf seinen Verleger, seine Schriftstellerkollegen und auf die Germanisten, diese Strauchdiebe und Nichtskönner.

Wen immer der alte Lästerer im Sinn gehabt haben mag, die Kölner Germanisten kann er nicht gemeint haben. Professoren wie Karl Otto Conrady haben Entwicklungen der Literatur nicht nur mit besonderer Aufmerksamkeit verfolgt und kommentiert, sie haben die Hörsäle für Autoren und ihre neuen Werke geöffnet. »Schriftsteller der Gegenwart in der Diskussion« hieß eine Veranstaltungsreihe, zu der Walter Hinck über Jahre Autoren in sein Institut einlud, um vor Studenten zu lesen, Referate zu halten oder an Seminaren teilzunehmen. Volker Neuhaus, nebenbei ein Spezialist für Kriminalliteratur, ediert die Werke von Günter Grass, er hat erreicht, dass Grass aus jedem seiner Bücher zuerst in Köln gelesen hat.

Tatsächlich hat das literarische Leben in Köln in den Achtzigerjahren wenig neue Impulse erfahren. Neue Impulse waren auch nicht besonders gefragt. Und was sich längst vorbereitet hatte, wurde jetzt evident: Das Buch hatte seinen Rang als Leitmedium eingebüßt, lesen war nicht mehr die zentrale Kulturtechnik. Für Autoren der neuen Generation – Thorsten Becker, Joachim Lottmann, Peter Glaser, Thomas Meinecke, Bodo Morshäuser oder Rainald Goetz – war die Zeit der Revolte und des politischen Aufbruchs in den Sechzigern keine prägende Erfahrung mehr. Die eingespielten klärenden Gegensätze wie rechts und links, progressiv und konservativ, privat und öffentlich, individuell und gesellschaftlich waren für ihre Texte belanglos geworden.

Belanglos für die Autoren dieser Generation wurde auch der Ort, an dem sie lebten und arbeiteten. Sie fühlten sich in Köln so wenig zu Hause wie anderswo, dem Stoff ihrer Bücher gaben sie kein lokales Kolorit. Die ökonomischen Bedingungen waren für sie ausschlaggebend, nicht das atmosphärische Umfeld.

Am 16. Juli 1985 starb in seinem Haus in Langenbroich

Heinrich Böll. Mit letzter Kraft hatte er den Roman »Frauen vor Flusslandschaft« fertiggestellt, er ging in einer von ihm durchgesehenen Fassung in Druck. Als ich ihn das letzte Mal besuchte, um das Manuskript abzuholen, fühlte er sich schlecht, er war verzweifelt. Seine Krankheit setzte ihm zu, und schwarze Gedanken machten ihm Angst. Ich versuchte, ihn zu beruhigen, seine Sorgen zu zerstreuen, aber vergeblich. Zum Schluss sagte er mit einem Seufzer: »Ich bin es leid!«

Zehn Wochen später fand unter dem Motto »Die Suche nach einer bewohnbaren Sprache in einem bewohnbaren Land« eine Gedenkfeier im überfüllten Gürzenich statt. Was bei solchen Gelegenheiten selten ist: Man spürte die Ergriffenheit der 1300 Menschen, die gekommen waren, um Heinrich Böll zu ehren. Günter Grass, Christa Wolff, Siegfried Lenz und Lew Kopelew lasen neben anderen aus seinen Werken. Günter Wallraff war es, der an das Jahr 1972 erinnerte, als Böll als »Ziehvater der Terroristen« denunziert wurde, an die Hausdurchsuchungen bei Böll und seinen Familienmitgliedern und an die danach einsetzende Hetzkampagne, der er schutzlos ausgeliefert war. Es wurde ihm in Köln kein Forum geboten, auf dem er auf die Angriffe hätte antworten können.

Einige Worte aus den Gedenkreden sind mir in Erinnerung geblieben. Köln und die rheinische Landschaft seien durch die Werke von Heinrich Böll eine der Provinzen der Weltliteratur geworden, sagte Norbert Burger, der damalige Oberbürgermeister der Stadt. Immer wieder kam seine Hilfsbereitschaft zur Sprache, und Kopelew fügte hinzu, dass Böll wie kein anderer das Feindbild vom bösen Deutschen im Ausland abgebaut habe. Günter Wallraff schloss mit einem Satz, mit dem er sicher vielen aus dem Herzen sprach: »Allein die Tatsache, dass es Böll gegeben hat, hat z bedeutet, Wärme und Hilfe.«

Die Achtzigerjahre waren in Köln keine Zeit der Stagnation: Die Deutsche Welle bezog ihr neues Funkhaus, der Fernsehturm Colonius wurde eingeweiht, der Rheingarten vor der Altstadt, das Museum Ludwig und die Philharmonie wurden eröffnet, Köln feierte das Jahr der Romanischen Kirchen und die Universität ihr 600-jähriges Bestehen, der Papst kam zum Dom-Jubiläum zu Besuch, und RTL nahm in Köln seinen Sendebetrieb auf. Und der Literaturbetrieb? Es gab keine wesentlichen Neuerungen. Wären die Kölner Buchhandlungen nicht gewesen, die unermüdlich Autoren zu Lesungen, Vorträgen und Diskussionen in die Stadt holten, so hätten die an Literatur Interessierten ein Jahrzehnt in der Diaspora gelebt. Oder doch nicht ganz. Denn da war der Kölner Bücherherbst. Jeden September, noch vor der Frankfurter Messe, wurden auf dem Neumarkt zwei Zelte aufgeschlagen: ein großes, in dem Buchhandlungen und Verlage die Novitäten der Saison zum Kauf anboten. Und ein kleineres, für das die Organisatoren sich ein buntes Veranstaltungsprogramm ausdachten. In den Pausen sah man gestandene Schriftsteller mit noch schüchternen Debütantinnen plaudern und an einem Biertisch einen Dichter, der sich auf seinen Auftritt in der Spätvorstellung vorbereitete.

Auch in den Neunzigerjahren hat sich viel getan in Köln. Man denke nur an den Neubau des Wallraf-Richartz-Museums, der nach langwierigen Debatten doch noch am richtigen Platz errichtet wurde. Oder an die Köln Arena, in der jetzt die Eishockey-Haie ihre Heimspiele austragen können. Einiges ließe sich aufführen, aber für mich und viele andere war es in Wirklichkeit ein Jahrzehnt der literarischen Aktivitäten. Ein großer Roman wurde in Köln geschrieben und verlegt, eine überfällige Idee unter Mühen realisiert, ein Festival, das es in dieser Form sonst nirgends gibt, zum Erfolg gemacht, und es wurden in Köln die Bücher auf den Markt und die Literatur in die Häuser gebracht. Während in anderen kulturellen Bereichen Ermüdungserscheinungen unübersehbar wurden, konkurrierende Städte drauf und dran waren, Köln den Rang abzulaufen und durch Etatkürzungen und Streichungen von Subventionen sich Frustration breitmachte, erlebte Köln in Sachen Buch einen Innovationsschub. Es entstand eine Infrastruktur, auf deren Angebot das Publikum mit großem Interesse reagierte. Autorenveranstaltungen aller Art erfreuten sich solcher Beliebtheit, dass man tatsächlich von einer Literarisierung des kulturellen Lebens in Köln sprechen kann. Kein Autor von einiger Bedeutung, der nicht in Köln einen Auftritt mit seinem neuen Buch gehabt hätte. Und immer ist ein interessiertes Publikum zur Stelle.

Für die neue deutsche Literatur begann mit der Wiedervereinigung »die Zeit danach«. So nannten Helge Malchow und Hubert Winkels eine Anthologie, die 1991 erschien und die der Frage nachging, ob sich mit dem Ende der deutschen Teilung neue Konstellationen für die Themenfindung der Literatur ergeben haben. Wie zu erwarten, waren für die Autoren aus dem Osten die politischen Umwälzungen von größerem Belang als für die Autoren im Westen. Jemand hat einmal die müßige, aber nicht uninteressante Frage gestellt, wie wohl Heinrich Böll den 9. November 1989 und seine Folgen als Schriftsteller verarbeitet hätte. Der einzige Roman eines Kölner Autors, der die Entfremdung zwischen Ost- und Westdeutschen zum Thema macht und über den schon im Klappentext gesagt wird, er wäre nicht entstanden ohne den Fall der Mauer, ist meines Wissens »Aus der Geschichte der Trennungen« von Jürgen Becker. Bezeichnenderweise wurde er erst zehn Jahre nach der Implosion der DDR geschrieben.

Mit seinem Roman »Der Liebeswunsch« erlebte Dieter Wellershoff einen Erfolg, der überfällig war. Mit ihm löste sich ein, womit sein Verlag, seine Freunde und wahrscheinlich auch er selbst nicht mehr gerechnet hatten. Endlich bekam er als Romancier den Zuspruch und die Anerkennung, mit denen der Essayist immer bedacht worden war: Die literarische Kritik brach fast ausnahmslos in Begeisterung aus, ein Platz auf den Bestsellerlisten – der erste für ein Wellershoff-Buch – war die Folge.

1996 wurde endlich auch in Köln ein Literaturhaus aus der Taufe gehoben. Es war eine überfällige Idee, die Zustimmung und Interesse bei Kölner Autoren, Buchhändlern, Verlagen und Lesern fand. Die Initiatoren gründeten einen Verein, in der Euphorie der ersten Stunde traten ihm über einhundert Literaturbegeisterte als Gründungsmitglieder bei.

In den Anfangsjahren glich das Literaturhaus einem Wanderzirkus: Seine Veranstaltungen fanden an wechselnden Orten, in den ausländischen Kulturinstituten, im Gloria, in Hörsälen der Universität und der Aula einer Schule statt. Im November 1999 waren dann endlich eigene Räume gefunden: Bundespräsident Johannes Rau eröffnete das Kölner Literaturhaus im MediaPark. Der Vorstand des Vereins strahlte, die 600 Gäste der Einweihungsparty freuten sich und lobten die neue Institution als eine Bereicherung für das literarische Leben der Stadt. Vergessen waren die Schwierigkeiten bei der Suche nach geeigneten Räumlichkeiten, vergessen für einen Abend die Sorgen von Thomas Böhm, dem Programmleiter, um die Finanzierung seiner vielen guten Ideen. Händeschütteln, Schulterklopfen: Ihr schafft das schon!

Mittlerweile ist es längst geschafft – dank des Kölner Publikums. 750 Mitglieder betreut Bettina Fischer, die Geschäftsführerin des Kölner Literaturhauses, weit mehr als ihre Kollegen in anderen Städten vorzuweisen haben. Alle Veranstaltungen finden regen Zulauf, 140 Zuhörer kommen im Durchschnitt, Tendenz steigend. Geschäftsführerin und

Programmleiter präsentieren in jährlich mehr als 120 Veranstaltungen die Vielfalt der deutschsprachigen und internationalen Literatur. Schriftsteller aus über 80 Ländern sind im Laufe der Zeit der Einladung des Literaturhauses gefolgt, bereichern das literarische Leben der Stadt und nehmen ein Bild Kölns als Ort eines lebendigen kulturellen Austausches mit auf den Heimweg.

Mittlerweile hat das Literaturhaus neue Räume im Kölner Süden bezogen, in denen zugleich vom Forum für Fotografie anregende Ausstellungen realisiert werden. 2007 hat es sein Spektrum wesentlich durch die Öffnung des Jungen Literaturhauses erweitert. Es ist das erste in Deutschland und bietet unter der Leitung von Ines Dettmann ein Programm speziell für jugendliche Leser und Schreibende. Erklärtes Ziel ist in Zusammenarbeit mit Schulen und anderen Institutionen eine nachhaltige Leseförderung. Eine Stiftung unterstützt die Arbeit des Jungen Literaturhauses.

Als das Literaturhaus zusammen mit dem »Kölner Stadt-Anzeiger« unter dem Motto »Ein Buch für die Stadt« eine Lese- und Literatur-Aktion startete, war die Resonanz viel größer als die Initiatoren es sich erhofft hatten. »Das kunstseidene Mädchen« von Irmgard Keun wurde in über 100 Veranstaltungen, die meisten in Eigeninitiative organisiert, gelesen und diskutiert. Die Stadt mit ihrem ganzen Einzugsgebiet war beteiligt. Literatur allerorten, in Schulen und Bibliotheken, in Seniorenheimen und Bürgermeisterämtern, in Sportvereinen und sogar im Knast.

Das Literaturhaus hat seinen festen Platz im kulturellen Leben der Stadt gefunden, es vermittelt ein breites Spektrum an Literatur für Köln und die ganze Region.

Auch bei anderer Gelegenheit öffnet sich Köln für Autoren und ihre Bücher, mit »Literatur in den Häusern der Stadt«, einem viertägigen Lesereigen, veranstaltet vom

KunstSalon. Circa 25 private Gastgeber laden in ihre Wohnräume und Dachterrassen, in Ateliers, Lichthöfe und Gärten ein und präsentieren in privater Atmosphäre einen Schriftsteller ihrer Wahl. Dieses unkonventionelle kleine Festival passt besonders gut nach Köln, die Idee dazu ließe sich nicht in jede andere Stadt exportieren. Claudia Bousset, für das Programm zuständig, ist stolz auf den Erfolg. Ein gutes Beispiel für Bürgerengagement.

Was für die Kunst die Art Cologne, ist das Internationale Literaturfestival lit.COLOGNE für alles rund ums Buch. »Der Literatur einen roten Teppich« ist das Motto der Veranstalter Werner Köhler, Edmund Labonté und Rainer Osnowski. Gemeinsam mit Regina Schilling und Traudl Bünger gestalten sie das Programm des Festivals. Jedes Jahr laden sie circa 250 Mitwirkende ein, Autoren, Schauspieler, Künstler und Musiker. Ein ausgedehntes Kinderprogramm, die lit.kid.COLOGNE, gehört auch dazu. An zehn Tagen, von morgens bis Mitternacht, wird Köln von dem Literturevent in Atem gehalten, bekommen das Buch und seine Verfasser einen großen glanzvollen Auftritt. 50000 Besucher und mehr genießen die literarische Vielfalt, die so geballt keine andere Stadt zu bieten hat.

Die im jährlichen Wechsel vergebenen Literaturpreise, der »Heinrich-Böll-Preis« und der »Heimito v. Doderer-Literaturpreis«, zeichnen Schriftsteller aus, die sich einen Namen gemacht und die ein umfangreiches Œuvre vorzuweisen haben. Mit dem »Rolf-Dieter-Brinkmann-Stipendium« werden junge Autoren gefördert – eine sinnvolle und hilfreiche Bemühung, die aber für das literarische Leben der Stadt ohne spürbare Wirkung bleibt. Köln hat eine nur geringe Anziehungskraft für nachwachsende Autoren. Die zieht es nach Berlin oder Städte wie Leipzig, die sich als literarische Ausbildungsorte profilieren.

Seit Oktober 2008 liegt endlich ein Konzept vor, von

dem zu hoffen ist, dass von ihm Impulse für eine künftige, innovative Literaturförderung ausgehen. Seine Ziele sind die Stärkung des literarischen Klimas in der Stadt, Planungssicherheit und Förderung erfolgreicher, bestehender Institutionen, Leseförderung für Kinder und Jugendliche, Aufenthaltsstipendien für internationale Autoren, Erhalt und Pflege des literarischen Erbes der Stadt und als Orientierungshilfe für das Publikum eine Zusammenfassung aller in Köln stattfindenden Veranstaltungen in einem »Literaturkalender«.

Dass die Buchverlage einen nicht unwesentlichen Beitrag zum literarischen Leben der Stadt leisten, wird heute stärker wahrgenommen als in früheren Zeiten. Die Gewerbesteuer, die sie zahlen, ist nach wie vor kein wesentlicher wirtschaftlicher Faktor.

Aber die Verlage, die ihre Autoren in Köln suchen oder nach Köln holen, sei es zur Arbeit am Manuskript oder zu öffentlichen Veranstaltungen, spielen als Literaturvermittler für das kulturelle Klima eine wichtige Rolle. Wenn ein Verlag wegzieht, wie »Tropen« nach Berlin, ist das ein Verlust für die Stadt. Daher sollte jeder, der in Köln Kulturpolitik macht, die Buchverlage miteinbeziehen.

Mit Bachem, DuMont, Emons, Kiepenheuer & Witsch, Lübbe, Taschen, Greven, Wienand und einigen anderen ist Köln noch keine Metropole der bücherproduzierenden Zunft. Aber sieht man sich die Programme einzelner Häuser genauer an, so fällt die große Zahl von Titeln auf, die inhaltlich einen direkten Bezug zu Köln haben. Stadtführer und Bücher zur Geschichte der Stadt gibt es andernorts auch. Aber gibt es auch einen bekannten Hannover-Krimi oder einen weithin verbreiteten historischen Roman, der in Stuttgart spielt? Mit einer rheinischen Form der Selbstverliebtheit hängt die Bereitschaft zusammen, alles für wichtig zu halten und jedes zu feiern, was sich innerhalb der Stadtgrenzen als Gegenstand der Darstellung und damit der Selbstdarstellung eignet.

Kölner Themen haben in den Programmen von Bachem, Emons und Wienand Tradition, und Kiepenheuer & Witsch, kürzlich aus der Marienburg ins Deichmannhaus am Bahnhofsvorplatz umgezogen, hat mit KiWi Köln ein Imprint geschaffen, unter dessen Signet mit den Domtürmen ein Spektrum an Köln-Büchern erscheint. Köln-Literatur füllt die Regale kleiner und großer Buchhandlungen in beeindruckender Vielzahl. Ein Nicht-Kölner könnte sich die Stadt allein durch Lektüre erschließen.

Auch heute, im ersten Drittel des neuen Jahrzehnts, hat Köln keine literarische Caféhaus-Kultur. Sie ist vielleicht ganz einfach nicht mehr zeitgemäß. Aber wer Bücher liebt, kommt in Köln auf seine Kosten. Er kann Autoren aus aller Welt kennenlernen. An literarischen Angeboten herrscht Überfluss.

»Köln und Fußball – das ist eins«

»Köln und Fußball – das ist eins.« – »Der Fußball ist so tief verwurzelt im Gemüt der Kölner wie der Karneval.« – »Wer kein Verständnis für Fußball hat, wird Köln nicht verstehen.« So lauten die Kommentare im Sportteil der Kölner Tagespresse. Aufschlussreicher noch sind die Leserbriefe: »Der Geißbock ist und bleibt das eigentliche Wappentier Kölns.« – »In unseren Herzen gibt es keinen Abstieg.« – »Der Ball ist rund und unsere Treue unverbrüchlich.«

Ich bin kein FC-Fan. Allenfalls informiere ich mich montags, wie der FC gespielt hat. Meinetwegen muss es nicht gleich einer der oberen Tabellenplätze sein. Würde der FC noch einmal Deutscher Meister, so würde die Stadt in eine Euphorie verfallen, die mir unheimlich wäre. Aber der Abstieg, ein Jahr in der zweiten Liga? Das schmerzt an der Stelle, an der der Lokalpatriotismus sitzt.

Fußballbegeisterung muss man vom Vater erben. Generationen von Kölner Vätern sind samstagnachmittags mit ihren Söhnen auf ihre angestammten Plätze im Müngersdorfer Stadion gegangen. Über Taschengeld, Mutters Kochkünste und die Gerechtigkeit von Zeugnisnoten kann man streiten, in Sachen Fußball ist man sich einig: Wenn überhaupt, gewinnt der FC verdient, wenn er verliert, war das einfach nur Pech. Nach dem Sieg darf der Junior ausnahmsweise mal in der Kneipe die Schaumkrone vom ersten Kölsch schlürfen. Mutter muss mit dem Abendessen warten. Beim Fußball kann sie nicht mitreden, Fußball ist nun mal Männersache.

In meiner Familie gab es keinen Fußball-Liebhaber, den ich hätte beerben können. In der Schulmannschaft wurde ich nur ein einziges Mal aufgestellt, die Schuhe für das Match musste ich mir von einem Freund leihen. Ich schoss sogar ein Tor. Es muss an den Schuhen gelegen haben.

Trotz der ungünstigen Umstände habe ich Fußballbegeisterung kennengelernt. Einmal, vier Stunden lang, bis tief in die Nacht.

An einem schönen Maiabend des Jahres 2000 hatte ich mich mit Freunden »Bei Mario«, einem kleinen Italiener auf der Aachenerstraße, verabredet. Der einzige freie Tisch stand in der hintersten Ecke des Lokals. Hier war es ruhig, hier konnten wir uns ungestört unterhalten. Dachte ich. Es sollte anders kommen.

»Heute ist doch das Spiel 1. FC gegen Hannover 96!« stellte jemand freudig fest, noch bevor wir uns den Mantel ausgezogen hatten. Das erklärte, warum der Wirt im Eingangsbereich einen Fernsehapparat mit extra großem Bildschirm aufgebaut hatte. Ich fand das störend. Wer sich Fußballübertragungen ansehen will, sollte das in den eigenen vier Wänden tun.

Dann schlug jemand aus unserer Runde vor: »Wir sollten unseren Tisch ein Stück weiter nach vorne rücken, damit wir auch was sehen können.« Weiter vorne war aber sehr zu meiner Erleichterung kein Platz. »Warum die Aufregung?«, wollte ich wissen. »Morgen könnt ihr doch in der Zeitung nachlesen, wer gewonnen hat.«

Ein Freund übernahm es, mich aufzuklären: Heute Abend ging es auf dem Rasen des Niedersachsenstadions ums Ganze! Nach 24 langen Monaten der Schmach in der zweiten Liga kämpfte Köln heute um die Rückkehr ins Oberhaus des deutschen Fußballs. Unvergessen die Zeiten, in denen das Gründungsmitglied der Bundesliga mehr Pokale einsammelte als jeder andere Verein in Deutschland: 1968 und 1977 Deutscher Pokalsieger; 1978 dann die Krönung: Deutscher Meister und Deutscher Pokalsieger in einem Jahr! Köln im Taumel als unumstrittene Fußballhauptstadt. Und selbst noch die Achtzigerjahre! Das waren Zeiten! Da war man stolz, ein Kölner zu sein.

Als die Antipasti serviert wurden, begann das Spiel, begleitet von zwei kurz aufeinanderfolgenden Entsetzensschreien. Im Blickfeld des Fernsehers saßen die Leute jetzt dicht gedrängt, Deutsche und Italiener verschmolzen zu einer FC-Fan-Gemeinde. Und an den Wänden standen die Köchin, das Küchenpersonal und die Kellner. Auf meine Spaghetti Carbonara würde ich wohl bis zur Halbzeit warten müssen.

Unser Gespräch geriet ins Stocken. Wider Erwarten war G. die Erste, die sich mit einem »Ich geh mal eben gucken« verabschiedete. Zehn Minuten später saß ich allein am Tisch. Um mir die Zeit zu vertreiben, griff ich nach einer Zeitschrift, von der ich bis dato nicht wusste, dass sie existierte: »Das GeißbockEcho«. – Der Geißbock ist das Maskottchen des 1. FC, das einzige einer deutschen Bundesliga-Mannschaft aus Fleisch und Blut. Das sollte jeder wissen, der in Köln mitreden will. Der Ur-Geißbock wurde dem Club in einer Karnevalslaune von der Zirkusprinzipalin Carola Williams geschenkt und »Hennes« nach dem großen Weisweiler getauft, der von 1955 bis 1958 und von 1976 bis 1980

Trainer des FC war und durch dessen Drill Köln Westdeutscher Vizemeister wurde. »Hennes I« wurde der Begründer einer Dynastie, mittlerweile ist der Siebte seines Namens im Amt. Bei jedem Heimspiel ist er als Glücksbringer dabei, in den letzten Jahren haben jedoch seine magischen Kräfte merklich nachgelassen. Im Wappen des 1. FC Köln setzt Hennes, der Geißbock, zu dem aussichtslosen Versuch an, über die Domtürme zu springen. Speziell für Geißbock-Souvenirs wurde im neuen RheinEnergieStadion ein Fanshop eingerichtet, und das Clubhaus des FC, das »Geißbockheim«, ziert sogar ein präpariertes Exemplar. »Aus dem Fastelovendsscherz... wurde so ein Maskottchen mit einem nicht überschaubaren Werbewert«, so das »GeißbockEcho« in seinem immerhin 40. Jahrgang.

Im vorderen Bereich des Lokals wurde es jetzt laut, Schreie, die den FC anfeuerten. Dann Jubel. Wahrscheinlich hatten wir ein Tor geschossen. Jemand versuchte den Hit »Mer stonn zo dir« von De Höhnern anzustimmen. Schon wieder eine Gelbe Karte für einen FC-Spieler! Das bringt doch nichts, meine Herren! Aber jetzt: Tor! Nein doch nicht. Es war zum Verzweifeln, den Kölnern war das Fußballglück nicht hold. – Mit einem Mal roch es merkwürdig. Ob in der Küche gerade meine Spaghetti anbrannten? Ich erhob mich. Nur mal kurz schauen, was da läuft. Fanatismus ist ansteckend.

Ich kam gerade rechtzeitig. Im Stadion war der Teufel los, die 38000 Zuschauer tobten. Zwei Mal hatten die Gastgeber bereits zugeschlagen. FC-Trainer Ewald Lienen hatte vor Verzweiflung seinen Kugelschreiber auf die Tartanbahn geworfen. Dann endlich ein Lichtblick: nach 41 frustrierenden Minuten der Anschlusstreffer von Lottner. Aber meine Freunde, die Fachleute, blieben skeptisch, die Abwehrspieler des FC zeigten eine schwache Leistung. Das konnte selbst ich erkennen.

Halbzeitstand also 2:1. Um mich herum redeten alle wie wild durcheinander. Jeder hatte etwas gesehen, was dem anderen entgangen war. Es wurde noch einmal das erste Tor gezeigt, das ausgerechnet der Ex-Kölner Kobylanski nach genau 120 Sekunden Spielzeit aus 18 Metern ins Kölner Netz platziert hatte. Mario legte zur Aufmunterung »Viva Colonia« auf, der Tisch rechts neben der Tür sang lautstark mit. FC-Fans sind für ihre Sangesfreude bekannt. Und meine Spaghetti Carbonara kamen.

Nach der Pause hieß es bald 3:1. Die Stimmung näherte sich der Frostgrenze. Doch dann passierte das Unerwartete: Fortuna, die Glücksgöttin, lächelte. Zwei Tore für Köln: 3:3. Die FC-Fans im Stadion sprangen mit Transparenten herum, auf denen Huldigungen an ihre Helden auf dem Rasen und an ihre Heimatstadt zu lesen waren. Die Fans vor dem Bildschirm beim Italiener schrien »Avanti! Avanti!« und »Jetz jeit et los!«. Die kühle G. warf in Emphase die Arme hoch, und ich hörte mich rufen: »Herrgott, nu schieß doch!« Der 1. FC bestimmte jetzt souverän das Geschehen, die Spieler von Hannover 96 liefen immer wieder ins Nichts. Dann kam der Höhepunkt des Abends: Alexander Voigt, ein Junge aus Ehrenfeld, schoss mit dem linken Fuß aus 20 Metern Entfernung den 1. FC Köln zurück in die Bundesliga.

Beim Endstand 3:5 brach Jubel aus. Ewald Lienen tanzte mit Spielern und Betreuern vor laufender Kamera und umarmte den überglücklichen FC-Präsidenten Albert Caspers. Die Autofahrer auf der Aachener Straße veranstalteten Hupkonzerte, und mir war, als hörte man das Herz Kölns höherschlagen. Der Fernsehkommentator brachte es mit heiserer Stimme auf den Punkt: »Ein Phoenix erhebt sich aus der Asche!«

Anschließend wurde Rotwein bestellt, und es gab nur ein Thema: Köln und der Fußball. In glücklicher Übereinstimmung waren alle der Meinung, der FC habe gekämpft wie in alten Zeiten. In dieser Form könne er es mit jedem Bundesligaverein aufnehmen, und Bayern München habe den Meistertitel auch nicht gepachtet.

Meine guten Freunde entpuppten sich als Kenner, geradezu Spezialisten. An diesem Abend habe ich begriffen, dass Köln eine Fußballstadt ist, dass kaum etwas sie so zusammenhält, wie der Fußball. Der ehemalige Oberbürgermeister Theo Burauen wurde zitiert, der einmal vor einem entscheidenden Spiel gesagt haben soll: »In Notzeiten gab es im Kölner Rathaus keine Parteien, sondern nur eine kölsche Fraktion.« Diesen Geist wolle er »unserem« 1. FC Köln vermitteln.

In den Anfängen hatte jedes Viertel seinen Verein. Preußen Dellbrück und Viktoria Köln aus den Industrievororten der »Schäl Sick« hatten starke Mannschaften. Der Kölner BC aus Klettenberg wurde 1912, Sülz 07 1928 westdeutscher Meister. Zur Gründung des 1. Fußball-Club Köln 01 / 07 e. V. kam es am 13. Februar 1948 in einer Gaststätte an der Luxemburger Straße, die einem früheren KBC-Torwart gehörte. Die Funktionäre von Sülz 07 und Kölner BC hatten die Fusion der beiden traditionsreichen linksrheinischen Vereine beschlossen. Der Erfolg ließ nicht lange auf sich warten. Schon 1949 wurde der 1. FC Köln Mittelrheinmeister und stieg in die erste Liga West auf.

Ist der 1. FC Köln mit über 14 500 Mitgliedern der Verein der bürgerlichen Mittelschicht, so ist Fortuna Köln mittlerweile sein sehr viel kleinerer proletarischer Gegenspieler. Der Bauunternehmer Jean Löhring hat lange Jahre als sein Präsident den Club gefördert und finanziert und seinerzeit aus ihm fast das gemacht, was heute der 1. FC St. Pauli für Hamburg oder 1860 für München ist.

Köln war geradezu eine Brutstätte für Fußballtalente. Auch das habe ich an jenem Abend gelernt. Hans Schäfer, genannt »De Knoll«, stammt aus Zollstock. In seinen frühen Jahren fuhr er noch zweimal wöchentlich nach der Arbeit im Kaufhof mit der Straßenbahn nach Müngersdorf zum Training. 1954 war er beim »Wunder von Bern« dabei, dem legendären Endspiel um die Weltmeisterschaft, das Deutschland gegen die Ungarn 3:2 gewann. – Das FC-Idol Jupp Röhrig war der Sturmpartner von Hans Schäfer. Im Juli 1949 war er vom Bezirksklassenverein Zündorf zum FC gewechselt. Im November desselben Jahres machte er bereits sein erstes Länderspiel, das wiederum das erste Nachkriegsspiel der jungen Bundesrepublik war. Die Deutschen gewannen 1:0 gegen die Schweiz. – Franz Kremer, Vereinsboss von 1948 bis 1967 und bei der Suche nach Nachwuchsspielern mit einem untrüglichen Gespür für Talente und Charaktere begabt, heuerte »Dä Fuß« Karl Heinz Schnellinger aus Düren und einen Gymnasiasten aus Rodenkirchen für den FC an. Dieser »Kalli« Thielen absolvierte neben der Kickerei noch ein Studium der Betriebswirtschaft und machte sich später als Schatzmeister, Vizepräsident und Geschäftsführer um den Verein verdient. – Bernd Cullmann, kurz Culli, überquerte den Rhein 1969 von der SpVgg Porz zur Geißbock-Truppe und bestritt für den FC nicht weniger als 650 Spiele, davon 341 in der Bundesliga.

Einer der größten Stars, die der 1. FC Köln hervorgebracht hat, war Wolfgang Overath, der heutige Präsident des 1. FC Köln. Der gebürtige Siegburger war einer der genialen Spielmacher seiner Zeit, das Fußballgenie Pele sah in ihm den »absolut besten Spieler der WM in Mexiko«. 15 Jahre schoss er Tore für den FC. Toni Schumacher, das »Raubtier«, die »perfekte Maschine«, wie er sich selbst bezeichnete, stand jahrelang im Tor des 1. FC Köln und auch der deutschen Nationalmannschaft. Er erfreute sich allgemeiner Beliebtheit, bis er 1987 ein Buch mit dem Titel

»Anpfiff« veröffentlichte, in dem er Missstände im Profifußball anprangerte. Diese Enthüllungen haben ihm die »grauen Sportfunktionäre« nicht verziehen. Pierre Littbarski war gebürtiger Berliner, kam 1978 an den Rhein und wurde einer der kölschesten unter den Kölner Stars. Der Kleine »Litti« mit dem großen Fußballherzen entwickelte sich zum Liebling der Lokalpresse, die ihm bestätigte, er habe »längst vergessen geglaubte Flügelstürmertugenden zu neuem Leben erweckt«.

Die Tragödie des 1. FC Köln in den letzten zwanzig Jahren besteht unter anderem darin, dass der Verein auch weiterhin zahlreiche große Fußballspieler in seinen Reihen hatte, die er aber wegen seines sportlichen und damit auch finanziellen Niedergangs allesamt nicht halten konnte und die, oh Graus, nicht nur zu den großen Bayern in München abwanderten, sondern sogar zum Nachbar und Rivalen Bayer Leverkusen. Jeder Kölner Fußballfan kann einem vorrechnen: Wären der große Lukas Podolski, der neue Nationalstürmer Patrick Helmes, der Innenverteidiger Lukas Sinkiewiecz, der ukrainische Ausnahmefußballer Andrej Voronin oder früher Bodo Illgner, Jürgen Kohler oder Icke Häßler in Köln geblieben, der 1. FC Köln wäre noch heute der Fußballverein Nr. 1 in Deutschland.

Der FC hat über 800 Fanclubs – nicht nur in Köln. Auf die fußballbegeisterten Jungs vom Lande hatte der FC immer schon eine geradezu magische Anziehungskraft. Ihre Söhne im Trikot mit dem Geißbock-Emblem zu sehen, ist der Traum vieler ehrgeiziger Väter im weiten Umkreis der Domstadt. Bei Heimspielen des FC sieht man auf den Straßen Kölns Autos, aus deren Seitenfenster rot-weiße Schals flattern, mit Kennzeichen aus Siegburg, Bonn, Koblenz, Düren und Aachen. Am Niederrhein soll es Dörfer geben, durch deren Mitte eine unsichtbare Demarkationslinie verläuft: Die eine Hälfte der Bewohner fährt zum FC Köln, die andere zum Erzrivalen Mönchengladbach. In Kölner Kneipen hört man selten ein gutes Wort über die Fußballnachbarn im Norden. Aber nicht Düsseldorf wird, wie üblich, mit abfälligen Bemerkungen bedacht, sondern die »Plastik-Elf«, die »Pillendreher« von Bayer Leverkusen. Wenn der FC gegen die antreten muss, herrscht in Köln eine aggressive Stimmung. Verlieren die Kölner, gibt es Zoff.

Zwei der vier Freunde an meinem Tisch beim Italiener gingen zu Spielen, die interessant zu werden versprachen, ins Stadion. »An keinem anderen Ort in dieser Stadt wird lokale Identität so inbrünstig zelebriert wie hier«, schwärmte einer. Und nirgends zeige sich die geradezu irreale Treue des Kölners so wie beim Fußball, fügte ein anderer hinzu. Ob Bundes- oder Zweitliga, ob Sieges- oder Pechsträhne, der wahre Fußballjeck will dabei sein auf seinem Tribünenplatz, in der Nord- oder Südkurve. 2003 kamen selbst bei blamablen Tiefpunkten wie den Spielen gegen Mainz 05 oder Eintracht Trier jeweils etwa 30000 FC-Fans ins Müngersdorfer Stadion. Auch von den mehrjährigen Umbauarbeiten ließen sie sich nicht abschrecken. Am 31. Januar 2004 hat eine neue Ära begonnen. Mit einem Spiel gegen Borussia Mönchengladbach wurde das neue RheinEnergieStadion eröffnet, das schon vor seiner Fertigstellung von fußballbesessenen Kölnern als ein Wahrzeichen der Stadt, vergleichbar den Rheinbrücken und der Köln Arena, gefeiert wurde. »Eine Augenweide«, »ein »Gesamtkunstwerk«.

Köln hat jetzt wieder einen Austragungsort für Länderspiele, an dem bei der Fußballweltmeisterschaft 2006 fünf Begegnungen stattgefunden haben. Köln könnte sich mit seiner neuen Arena als Fußballmetropole fühlen, wäre der FC Köln nicht eine der Fahrstuhlmannschaften im Deutschen Fußball im ständigen Auf und Ab zwischen Erster und Zweiter Bundesliga.

Jahrzehntelang gehörte der 1. FC Köln zu den ganz wenigen niemals abgestiegenen Gründungsmitgliedern der Fußballbundesliga. Doch dann verließ den Club das schon zur Gewohnheit gewordene Glück und in den letzten Jahren war dreimal das Horrorerlebnis Zweite Bundesliga zu verkraften. Zahllose Trainer und Spieler wurden verschlissen, immer wieder gab es die kurzen Phasen der Euphorie beim Wiederaufstieg und dann die langen Monate der Depression bis zum erneuten Abstieg. In der Saison 2008 / 2009 dreht sich nun alles um die große Frage, ob diese Ära zu Ende geht und der 1. FC wieder eine feste Größe in der Ersten Liga wird.

Verbunden ist diese Erwartung mit dem Namen Christoph Daum, der dem Verein als Trainer in den Jahren 1986 bis 1990 die letzten großen Erfolge beschert hat, als in dieser Zeit der 1. FC zweimal hintereinander Vizemeister wurde. Er ist nach Köln zurückgekehrt. Aber auch mit diesem Hoffnungsträger misslang der sofortige Wiederaufstieg, der großmundig verkündet wurde. Es folgte eine zähe, harte Zweitliga-Saison 2007 / 2008, die erst in den letzten Spielen Glanz bekam und durch den denkwürdigen Heimsieg im Mai 2008 gegen Mainz zum Aufstieg führte. An diesem Nachmittag brachen nach dem Abpfiff alle emotionalen und baupolizeilichen Dämme, die Zuschauer erstürmten über die Absperrung hinweg den Rasen und verwandelten diesen Tag in eine nicht enden wollende Karnevalsparty, an die man noch lange denken wird. Die üblichen Kölner Dauerquerelen zwischen dem Vorstand unter Wolfgang Overath, dem Geschäftsführer Michael Meier, dem oft theatralischen Christoph Daum und den Kölner Medien führten diesmal nicht zur üblichen Selbstdemontage. Man raufte sich zusammen, ergänzte die Mannschaft um den Weltklasse-Stürmer Milivoje Novakovic und durch große Könner wie den Brasilianer Pedro Geromel und den Portugiesen Armando Petit. Selbst der »Kölner Express« spielte mit und verzichtete auf den Versuch, sich vom ewigen »Karnevalsverein« mit Querschüssen zu distanzieren.

Ob der große Wurf gelingt, ist offen, aber zum ersten Mal seit vielen Jahren hat man das Gefühl, dass auch im Verein selbst das Problem des Kölner Fußballs erkannt worden ist: die Diskrepanz aus heißem Wunschdenken und kalter Realität dadurch zu lösen, dass man sich nur noch mehr in seine Träume hineinsteigert. Die Signale des Aufbruchs sind jedenfalls da. Und das Wunder, an das niemand geglaubt hat, ist tatsächlich eingetreten: Nationalspieler Lukas Podolski, Kölns verlorener Sohn, kehrt im Sommer 2009 von den Bayern aus München zum 1. FC Köln zurück. Wenn, ja wenn der FC nicht absteigt. Aber die Fans werden ihrem Verein so oder so die Treue halten, ist doch in Köln seit Langem kein logischer Zusammenhang mehr erkennbar zwischen Besucherzahlen und dem Tabellenplatz. Der massenhafte Gang ins Stadion gleicht eher einem vierzehntäglichen Voodoo-Zauber, einer Art Medizin für die gestresste Kölner Seele, bei der das Spiel selbst zweitrangig ist.

Vielleicht schafft es ja der exzentrische, immer etwas undurchsichtige, skandalerprobte Christoph Daum – unbestritten ein großer Trainer –, einen Sinn für die Realität nach Köln zurückzubringen. Und dadurch den Erfolg. Vielleicht ist aber auch dies nur eine weitere Etappe auf der Kölner Gefühls-Achterbahn.

11 000 Jungfrauen und andere kölsche Mädchen

»Ich han dem Mädche nix jedonn, ich han et bloß ens kräje«, ist der Titel der Rede, die Heinrich Böll hielt, als er im April 1983 die Ehrenbürgerrechte der Stadt Köln verliehen bekam. Der Vers, über dessen Hintersinn sich schon manch einer den Kopf zerbrochen hat, stammt aus einem alten Karnevalslied, das mit den Zeilen beginnt:

»Treck em e paar, treck em e paar,
Treck em e paar m'em Reeme.«

Mag es sie in anderen Städten von wenigen Ausnahmen abgesehen nur noch als Zimmermädchen oder »Mädchen für alles« im Hotelgewerbe geben, in Köln sind sie noch zu finden, die Mädchen. Für den Nichtkölner ist die bekannteste Form das Funkenmariechen, das im Karneval bei den Aufzügen der Roten und Blauen Funken als Tänzerin die meist stämmigen Beine schwingt. Sie sind, wie ihre Schwestern, die Regimentstöchter bei der Prinzen- und Ehrengarde oder die Marketenderinnen beim Reiterkorps Jan van

Werth, der Inbegriff des »lecker Mädche«. Bei ihren Auftritten im Gefolge des Dreigestirns auf einer Sitzung oder einem Kostümball kann, ja muss man ihnen mit dem kölschen Schlachtruf »Alaaf!« zujubeln, aber so lecker sie auch sind, selbst der Versuch sie zu küssen, ist verpönt. Die Kölner haben zum Schutz ihrer Mädche extra das »Bützje« erfunden, eine Art unverfänglichen Ersatzkuss, der, um nicht als blöde Anmache missverstanden zu werden, mit gespitzten Lippen verabreicht wird. Diese Sitte verhindert unziemliche Aufdringlichkeiten, nicht aber, dass die kölschen Mädche regelmäßig nach Aschermittwoch von einer Grippewelle heimgesucht werden.

Auch als Mädchen zu erkennen an seinen langen Zöpfen ist eine entfernte Verwandte des Mariechens: das Bärbelchen, das mit seinem Hänneschen, aber auch mit Tünnes un Schäl im beliebten Kölner Puppentheater auftritt. Ein bisschen naiv, wie es sich für ein anständiges Mädchen gehört, hat das Bärbelchen das Herz am rechten Fleck und bringt wieder Ordnung in das Durcheinander, das die anderen veranstaltet haben. Unvorstellbar wäre es, in seiner Gegenwart etwa einen Herrenwitz zu erzählen. Hätte das Bärbelchen viele Generationen früher das Licht der Welt erblickt, so wäre es vielleicht von der heiligen Ursula in ihr jungfräuliches Gefolge aufgenommen worden.

Die Geschichte von Leben und Tod der britischen Königstochter Ursula und ihrer Begleiterinnen, die – ob nun elf oder 11 000 an der Zahl – alle Jungfrauen waren, ist eine der schönsten und erfolgreichsten Mädchen-Legenden. Auf der Rückkehr von einer Wallfahrt nach Rom wird die fromme Schar vor den Toren Kölns von den Hunnen hingemetzelt, die die Stadt belagern. Die vom neunten bis zum elften Jahrhundert entstandene Erzählung vom Märtyrertod dieser Heiligen verdrängt mit sofortiger Wirkung die Verehrung der drei heiligen Jungfrauen mit den wenig volkstümlichen Namen Fides, Spes und Caritas im Rheinland und verbreitet sich wie ein Lauffeuer im gesamten Abendland, von Island bis Venedig, von Riga bis London.

Anfang des zwölften Jahrhunderts kam den Ursula-Verehrern ein Zufall zu Hilfe. Bei einer Erweiterung der Stadt stieß man auf ein römisches Gräberfeld und kam überein, dass hier und nirgends sonst die Hunnen das Massaker an den unschuldigen Mädchen begangen haben mussten. Ein schwunghafter Reliquienhandel setzte ein. Bis ins 17. Jahrhundert wurden vom »hilligen Kölle« aus ungezählte Knochen und Knöchelchen von diesem Gräberfeld in alle Himmelsrichtungen exportiert.

Bilder großer Maler erzählen vom Schicksal der heiligen Ursula und ihrer Mädchenschar. Auf einem Gemälde des Meisters der heiligen Veronika (um 1411), das im Wallraf-Richartz-Museum hängt, sieht man die Heilige mit einigen Begleiterinnen und den aus Rom mitgebrachten Papst an Bord eines Segelschiffchens auf dem Rhein, in dessen offensichtlich noch ungetrübtem Wasser paarweise kräftige Fische schwimmen. Den Hintergrund bildet unverkennbar eine Ansicht Kölns; es handelt sich nebenbei gesagt um die älteste und dabei topografisch recht detailgenaue Darstellung der Stadt, auf der man den unvollendeten Dom, aber auch St. Severin, St. Aposteln und andere Kirchen gut erkennt.

Keiner aber hat die Kölner Mädchen schöner gemalt und besser getroffen als Stefan Lochner auf dem linken Flügel des sogenannten »Dombildes«, das ihm 1445 für die Kapelle des Rathauses in Auftrag gegeben wurde. Die heilige Stadtpatronin hält demütig die Hände um den tödlichen Pfeil gefaltet und züchtig den Blick gesenkt, wie es sich für eine Märtyrerin geziemt. Hinter und neben ihr drängen sich ihre Freundinnen wie festtäglich gekleidete Schülerinnen einer Mädchenklasse ins Bild, alle mit hoher, rundgewölbter

Stirn, die Lochner als ein Merkmal junger Kölnerinnen der Zeit verewigt hat. Mädchenhaft kokett schauen die einen mit neugierigen Augen auf den Betrachter, eine andere lässt ihren mit einem eleganten Schuh gekleideten Fuß sehen, noch eine andere rafft unschuldig ihr Kleid. – Als elf Flammen sind sie in das Kölner Wappen eingegangen.

Welche Bedeutung die Kölner Ursula-Legende auch jenseits der Alpen erlangte, beweist der von Carpaccio für die Scuola di Sant Orsola in Venedig ab 1490 gemalte Zyklus, der aus acht großformatigen Bildtafeln und einem Altargemälde besteht und bei dem es sich vielleicht um die prächtigste Darstellung der »Passio Ursulae« handelt. Der Besucher der Gallerie dell'Accademia, wo heute der Zyklus hängt, kann sich beim Betrachten der dargestellten Szenen ein genaues Bild von Gewändern und Rüstungen, von Architektur und Innenausstattung der Gebäude machen, aber Carpaccio hat alles ins Italienische übersetzt. Vorlage für die Stadt, in der Ursula und ihre Begleiter landen, ist bei ihm nicht das historische Köln, sondern sind die ihm vertrauten Türme und Befestigungsmauern des Arsenals von Venedig. Und die Schar der Jungfrauen, die auf der »Apotheose der heiligen Jungfrau Ursula« knien, sind oberitalienische Schönheiten, wie man sie von den Bildern Giovanni Bellinis, Botticellis und Raffaels kennt, freilich ohne den besonderen Liebreiz der kölnischen Mädchen. Einzig die Wimpel und Fahnen sind korrekt; sie sind rot-weiß und zeigen die drei Kronen, die die Heiligen Drei Könige symbolisieren.

Wer besser verstehen will, was es mit den Kölner Mädchen auf sich hat, sollte kurz die Bekanntschaft ihres Gegentypus machen, der Matronen. Aus den Wesen der Mütter erklärt sich vieles vom Wesen der Töchter. – Es ist zu vermuten, dass bereits die römischen Legionäre den hübschen ubischen Mädchen den Hof gemacht haben, gesichert aber ist, dass die Verehrung der Matronen, einer Dreiergruppe von »Müttern«, in Mode kam, kurz nachdem die Colonia Claudia Ara Agrippinensium römisches Stadtrecht erhielt (50 n. Chr.). Sie hatten den Rang von Göttinnen, halfen dem, der sie anrief, in Not und Gefahr wie später die Gottesmutter Maria und standen den Männern wie Schutzengel bei, wenn sie in den Kampf zogen. Man errichtete ihnen zu Ehren sogenannte Weihesteine.

Allein in Köln wurden 30 Matronen verehrt, eine jede unter ihrem Namen und wegen besonderer, individueller Eigenschaften. Sie hießen Boudunnehae oder Mahalinehae, wie die Inschriften der mit ihren Flachreliefs verzierten Steine im Römisch-Germanischen Museum bezeugen, sind in wallende Gewänder nach ubischer Tracht gekleidet und erwarten die Huldigungen ihrer Anhänger mit würdiger Gelassenheit. Auf ihrem Schoß halten die Matronen Früchte oder Fruchtkörbe, Sinnbilder des Wohlstandes und der Fruchtbarkeit. Diese Attribute erinnern an die Kölner Marktfrauen von heute, deren Selbstbewusstsein sie zwar nicht in den Rang von Göttinnen erhebt, deren Witz und Schlagfertigkeit aber in Köln eine weit zurückreichende Tradition hat. Sie lassen sich kein X für ein U vormachen, und jeder Kunde, egal wie alt er ist, wird mit einem »Was darf es sein, junger Mann« begrüßt. Von ihrem mit Fröhlichkeit gepaarten Realitätssinn können ihre Töchter nur lernen.

Und was ist in Köln mit den Mädchen, die man früher einmal die »leichten« oder »gefallenen« nannte?

Prostitution hat es in Köln immer gegeben, so wie in anderen Städten auch. Mit dieser Bemerkung könnte man es bewenden lassen, wenn es da nicht ein paar Besonderheiten gäbe.

Da ist etwa das Mädchen Marizibill, dem Guillaume Apollinaire folgende Zeilen gewidmet hat:

In der Hohe Straße zu Köln
Ging sie am Abend auf und ab
Offen für alle und hübsch dabei.
Dann trank sie müde vom Pflaster
Im schummrigen Brauhaus ein spätes Bier.

Marizibill war offen und hübsch, und man kann vermuten, dass der Dichter mit ihr nach dem späten Bier gerne noch in ihre Kammer gegangen wäre.

Er hatte vorher schon sein Glück im Karnevalstreiben bei anderen Mädchen versucht. Aber ohne Erfolg: »Ich kam nicht einmal dazu, sie zu küssen, und da ich schlecht tanze, habe ich vielen auf die Füße getreten.« Das nennt man Pech.

Im Mittelalter blühte die Stadt und mit ihr die Prostitution. Die Mädchen kamen aus den armen Gegenden der Eifel, dem Oberbergischen oder vom Niederrhein, um im großen Köln ihr Glück, also schnell viel Geld zu machen. Die frommen Pilger, die Kaufleute, die in der Hansestadt ihren Geschäften nachgingen, und natürlich die ortsansässigen Bürger, die die Abwechslung suchten, waren ihre Kunden. Kaum eine Gasse, kaum eine Straße im hilligen Kölle, in der das älteste Gewerbe nicht eine Zeit lang ausgeübt worden wäre. Die gewöhnlichen Hurenhäuser waren finstere Spelunken, in denen sich die Freier in vom Torffeuer verrußten Stuben mit gepanschtem Wein etwas Mut antrinken konnten, bevor sie ins Obergeschoss zu den Mädchen hinaufstiegen. Die Kammern unterm Dach waren eng und kalt und mit einer Ölfunzel so schlecht beleuchtet, dass der Freier nur ahnen konnte, was er für sein Geld bekam.

Im Hochmittelalter waren angeblich die attraktivsten Mädchen Auf dem Berlich zu finden, der damals Schottengasse hieß, was nicht bedeutet, dass dort besonders geizige Freier willkommen gewesen wären. Im Mittelhochdeutschen bedeutet »Schotte« so viel wie »durch Herumwälzen verunreinigt« oder »schmutzig« – ob sich daraus Rückschlüsse auf die hygienischen Verhältnisse in den Bordellen ziehen lassen, ist nicht belegt.

Nicht belegt ist auch die populäre Meinung, dass sich der Name der benachbarten Schwalbengasse von den dort tätigen »Bordsteinschwalben« ableitet. Dabei ist die Gedankenverbindung historisch nicht falsch. Die ehemalige Goltgasse war verrucht, in einem »Schanthaus« gingen die »gemeinen Töchter« ihrer schandbaren Tätigkeit nach. Ordnungsmaßnahmen wurden ergriffen im Kampf gegen die Prostitution, aber die moralische Entrüstung der Kölner über die Mädchen, die im »stande der verdamnis« lebten, machte an einem entscheidenden Punkt halt: die Steuereinnahmen der Stadt durch die Hurerei durften nicht gefährdet werden.

Die Schutzheilige der Prostituierten ist die heilige Magdalena, die – bevor sie zur Büßerin wurde – wohl auch einen zweifelhaften Lebenswandel hatte.

Der nach ihr benannte Frauenorden, die »Magdalenerinnen«, waren bereit, Freudenmädchen aufzunehmen, auch wenn »wenich hoffnong der besserunge bei innen were«. In Köln lag ein Kloster der weißen Frauen, wie der Orden auch genannt wurde, an der Ecke Blaubach / Perlengraben, und bis zur Franzosenzeit gab es ein zweites – ob Zuflucht oder Besserungsanstalt für »bekehrte Mädchen« – im »Haus Bethlehem« am Eigelstein.

In St. Maria Lyskirchen, in der Nähe des Hafens und des Rotlichtviertels mit der berüchtigten Nächelsgasse gelegen, kann man in der Weihnachtszeit ein Mädchen aus dem »Miljöh« sehen, das gerade anschaffen geht. Sie ist etwa 15 Zentimeter groß und wie der Herr Pastor, der Schutzmann, die Marktfrau, das Tanzpaar des Karnevalsvereins »Hellige Knächte un Mägde« und seit Neuestem der Herr Apotheker eine Figur der Krippe von Maria Lyskirchen. Sie hat sich »staatsjemat«, sogar Lidschatten hat sie aufgelegt, und tatsächlich hat sie einen Freier geangelt, einen Matrosen, den sie an der Hand hält, damit er ihr nicht davonläuft.

Es soll hier noch die Rede sein von zwei anderen Mädchen, die – wenn auch nicht als Märtyrerinnen im Gefolge einer Heiligen – beide in Köln auf tragische Weise den Tod fanden: Hexe die eine, Schaustück die andere.

Zu Lebzeiten der Ururgroßmutter meiner Ururgroßmutter wurden in Köln Kinder öffentlich verbrannt oder geköpft. Sie wurden nicht etwa die Opfer eines abartigen Psychopathen, der ihnen in dunklen Gassen auflauerte, sie waren Opfer einer wahnhaften Massenhysterie, die wie eine Seuche die gesamte Bevölkerung der Stadt heimsuchte. Die Hinrichtung der Kinder war vorsätzlicher Mord. Die weltliche Obrigkeit stellte hierfür ihren juristischen Machtapparat zur Verfügung, die Kirche rief in ihren Beichtstühlen zu Denunziationen auf, und die Bürger delektierten sich an dem grausigen Schauspiel. Es ist kein Fall bekannt, dass auch nur einer aufgestanden wäre, um gegen das perverse Treiben zu protestieren.

Am 7. Mai 1653 wurde das zehnjährige Ännchen verhaftet und von einem »Gewaltdiener«, wie die Kölner Polizisten damals genannt wurden, in den Frankenturm gebracht. Mit bürokratischer Pedanterie hat der Turmschreiber protokolliert, was dem kleinen Mädchen in der Folgezeit angetan wurde. Ohne den geringsten Anflug von Mitleid hält er in trockener Amtssprache fest, dass ihr Vater, der Marketender Peter Lenarts, vor zwei Jahren erschossen worden, die Mutter darauf mit einem anderen Mann weggezogen sei und »ihrer drei Kinder hinterlaßen« hätte. Ännchen oder Entgen lebte in Köln in der Gosse, vom Betteln.

Es kam zum Verhör. Das verstörte Mädchen musste stundenlang Rede und Antwort stehen. Da sie in ihrer Angst alles gestand, was ihr zur Last gelegt wurde, hat man bei ihr wohl auf Schläge mit der Rute verzichtet. Die Grausamkeit der Mutter und die Not des Kindes brachten keine mildernden Umstände ein.

Entgen erzählte den Turmmeistern, die sie ausfragten, dass sie schon früh ihre Mutter zum Hexentanz habe begleiten dürfen. Die Herren wollten mehr hören. Sie sei beobachtet worden, wie sie sich eines Abends, als sie sich in der Breite Straße herumtrieb, von zwei Frauen ansprechen und mitnehmen ließ. Die beiden Frauen, auf die sie sich da eingelassen hatte, seien von ihrer Art; in Duisburg seien sie als Hexen verbrannt worden. – Das Mädchen will es ihren Peinigern recht machen. Ja, die besagten Frauen hätten sie zu einem Ritt durch die Lüfte zu einem großen Gastmahl mitgenommen. Dem »bösen Feind« habe sie beim Servieren helfen müssen, und als sie eine Schüssel fallen ließ, wurde sie »vom boeßen geschlagen und übel tractirt«.

Die Beamten gingen bei ihrem Verhör schematisch, also nach einem weitgehend standardisierten Fragenkatalog vor. Besonderes Vergnügen schien es ihnen zu bereiten, wenn sie das examinierte Mädchen einer Buhlschaft mit dem Teufel verdächtigen konnten. Entgen Lenarts stritt dergleichen ab. Aber bei der ganzen Litanei der übrigen Anschuldigungen wollte sie nicht enttäuschen: Sie habe häufig an Hexentänzen teilgenommen. Wie oft? Dreißigmal. Auch zum Blocksberg sei sie geritten. Ihrem Bruder habe sie ein »feber angehexet« und auch anderen Kindern das Zaubern beigebracht. Beim nächsten Verhör gesteht sie, im Gefängnis sei ihr der Teufel »in Gestalt eines schonen iungen Gesellens in roden kleideren« erschienen und habe ihr drei Goldstücke versprochen, wenn sie ihm zu Willen sei. Sie aber habe das Kreuz darüber geschlagen, da sei aus dem Gold Hühnermist geworden.

Geschichten wie diese waren nicht das Produkt von Entgens aufgewühlten kindlichen Fantasien. Schauerliche Erzählungen vom Hexensabbat und den Anfechtungen des

Teufels gehörten zum gängigen Ritual einer »schwarzen Pädagogik«, deren Ziel es war, die Kinder durch abschreckende Beispiele zu Gehorsam und zur Unterdrückung ihrer natürlichen Triebe zu erziehen.

Entgen denunzierte drei andere Kinder, später noch zwei bereits verhaftete Erwachsene. Genützt hat es ihr freilich nichts. Für ihre Richter erfüllte sie die strafrechtlichen Kriterien des ihr zur Last gelegten Delikts. Sie wurde zum Tode verurteilt. Da aber Mädchen bei ihrer Hinrichtung mindestens zwölf Jahre alt sein mussten, ließ man sie nahezu drei Jahre im Gefängnisturm dahinvegetieren. Auf eine Begnadigung konnte sie nicht hoffen. Am 18. Februar 1655 wurde endlich das Urteil vollstreckt. Entgen Lenarts wurde der Kopf abgeschlagen und ihre Leiche verbrannt. Nach getaner Arbeit wurde der liebe Gott angerufen. »Er erbarme sich der Seele dieses Mädchens.« Mit diesen Worten schließt der Schreiber die Akte eines unglücklichen Kindes, für das die Menschen kein Erbarmen kannten.

Wie die Möwen dem Fischkutter, so folgten im 19. Jahrhundert in den Kolonien den großen Handelshäusern und ihren Niederlassungen Forscher und Expeditionsleiter. Sie sammelten und vermaßen, entdeckten und katalogisierten und schickten ganze Schiffsladungen mit exotischen Tieren und Pflanzen in ihre Heimatländer. Und mitunter auch Schiffsladungen mit exotischen Menschen. Im alten Europa war ein großes Interesse an fernen Ländern entstanden. Nicht nur für die Kolonialwaren interessierte man sich; man war wissbegierig: Berichte von abenteuerlichen Entdeckungsreisen in Gegenden, die man kaum den Namen nach kannte, füllten die Bücherschränke der Bildungsbürger. So auch in Köln am Rhein.

Die Stadt leistete sich einen zoologischen Garten. In indisch oder afrikanisch anmutenden Häusern, in Volieren und Freigehegen waren dort Tiere aus allen fünf Kontinenten zu besichtigen. Die »Flora« wurde angelegt mit fremdartigen, im ganzen Rheinland noch nie gesehenen Pflanzen. In großen Glashäusern zeigte man Gewächse von tropischer Pracht. Und von Zeit zu Zeit kam eine Völkerschau in die Stadt. Da strömte das Publikum, um die Wilden zu sehen: Indianer mit bodenlangem Federschmuck, Schwarze im Baströckchen und mit einem Tigerfell über der Schulter, Wüstenbewohner in Pumphosen und mit einem Turban auf dem Kopf. Das war lehrreich und unterhaltsam zugleich. Man staunte und gaffte und sah die eigene vermeintliche Überlegenheit bestätigt.

Im Herbst 1898 wurde eine Gruppe aus der heutigen Republik Benin an der Küste Westafrikas in einem Varieté auf der Hohe Straße, bekannt als »Castans Panoptikum«, dem Kölner Publikum vorgeführt. Angekündigt war ein »Amazonen-Corps« aus der wegen ihrer außerordentlichen Grausamkeit gefürchteten Leibgarde des Königs von Dahomey. »Vierzehn Amazonen und zehn Krieger erscheinen in ihrer phantastischen Kriegertracht, produzieren sich in ihren eigenartigen Gefechtsszenen sowie in einheimischen Siegestänzen und Gesängen.« Auf einem Plakat sieht man die »Oberkriegerin Jumma«, die lange Muskete in der Linken, in der ausgestreckten Rechten einen gezückten Säbel, vor ihrer finster dreinblickenden Mädchentruppe, die in Reih und Glied Aufstellung genommen hat, als wären es preußische Kürassiere. Als Dekoration hat der Maler im Hintergrund reichlich Totenschädel aufgespießt. Zehnmal pro Tag mussten sich die Schwarzen in Schaustellungen »produciren«.

Für ein Mädchen der Gruppe war Köln die letzte Station ihrer Tournee. Sie hieß Jamga, war sechzehn Jahre alt und erst sechs Monate beim »Amazonen-Corps«. Sie musste als Schlangenbändigerin auftreten. Das ungewohnte feuchtkalte Kölner Klima wurde ihr zum Verhängnis. Sie erkrankte an einer Lungenentzündung und starb im Bürgerhospital an der Cäcilienkirche.

Am Tage nach Allerseelen wurde die Tote beerdigt. 30 Jahre später erinnerte die »Kölnische Zeitung« an das »seltsamste Begräbnis in Melaten«, das eine ungeheure Menschenmenge mit »Maulgaffen und Kopfschütteln« verfolgte. »Die Oberkriegerin Jumma begab sich mit zwei Verwandten der Verstorbenen in vollem Kriegsschmuck zu der Leiche... Die Tote lag mit offenen Augen, den Blick nach oben gerichtet, so wie der Amazonenbrauch es verlangt, da sonst die Tote unerlöst bleibt. Der Sarg wurde nun zum Melaten-Friedhof geschafft... Hinter dem Sarg schritten die vom Schmerz erschütterten Amazonen, deren farbige Kriegstracht seltsam und andersweltig von dem grauen Herbsthintergrund abstach.«

Jumma hielt die Totenrede: »Jamga, teure Kriegerin unseres mächtigsten Königs von Dahomey, teure Schwester, du bist aus deiner Heimat ausgezogen gegen die Sonne, um dir und deiner Familie Geld zu verdienen und heimzukehren zu den Deinigen. Fetisch, dein Gott, den du verehrt hast, hat es anders gewollt und dich hier sterben lassen in fremder Erde. Aber deinen Geist hat er mitgenommen nach Afrika, er ist jetzt wieder bei deinem Gotte. Schlafe wohl, auf Wiedersehen, teure Schwester.«

Der Platz, an dem das Mädchen Jamga beerdigt wurde, ist bekannt: Feld 17, 10. Reihe, 18. Grab. Aber keine Tafel, kein Stein, nichts erinnert an die Tote.

11 000 sind als legendäre Figuren in das Gedächtnis der Stadt und auf Symbole verkürzt in ihr Wappen eingegangen. Eine ungleich größere Zahl von Mädchen aber ist in Köln aufgewachsen, hat hier gelebt, ohne dass eine Chronik von ihnen berichten würde.

Eine, deren Name keineswegs unbekannt geblieben ist,

kehrte unmittelbar nach Kriegsende vom Land, aus der Evakuierung, in ihre Heimatstadt Köln zurück. Eine junge Frau von gerade achtzehn Jahren. Ihre Eltern und Geschwister nannten sie Tutti.

Auf einem am Ende ihrer Schulzeit aufgenommenen Foto steht sie, dem Betrachter halb zugewandt, vor einem Vorhang. Ihre hochgesteckten dunklen Haare geben ein rundes Gesicht mit starken Augenbrauen, einer kräftigen, geraden Nase und einem fein gezeichneten Mund frei. Das eigentlich Faszinierende aber sind ihre Augen: kühl, abschätzend und selbstbewusst blicken sie in die Kamera. Kein gewinnendes Lächeln, kein Posieren, keine kokette Geste.

Was wird aus dem Mädchen werden? – In einer gutsituierten Familie soll sie Haushaltsführung lernen. Das hat Mutter Agathe für sie entschieden, aber als sich herausstellte, dass ihr Arbeitgeber ein alter Nazi war, gab sie die Stellung sofort wieder auf und arbeitete als Aushilfe in einer Bäckerei in Kalk. Als sie später zum »Pflichtjahr« eingezogen wurde, tat sie Telefondienst auf dem kleinen Militärflughafen Merheim am Stadtrand von Köln.

Aber das Mädchen Tutti hatte insgeheim einen Traum. Was es sich sehnlichst wünschte und niemand in ihrer Umgebung für möglich gehalten hätte, trat ein: Aus Tutti wurde die beliebteste und populärste Schauspielerin Kölns, eine unvergleichliche Theaterfigur, die ihre Stücke selbst schrieb, selbst inszenierte und mit ihren Aufführungen ein eigenes Genre schuf. Weit über die Grenzen der Stadt hinaus wurde aus ihr eine gefeierte Künstlerin: Trude Herr.

Sie wurde 1927 in einer Ortschaft geboren, die keine war. »Insel« nannten die Leute damals eine zusammengewürfelte Ansammlung von etwa hundert Häusern, die im freien Feld zwischen den Arbeitervorstädten Kalk, Deutz und Mülheim standen. In diesen drei Orten waren seit der Gründerzeit große chemische, elektro- und maschinentechnische

Fabriken entstanden, die Köln den Ruf einer modernen Industriestadt einbrachten. Weniger gut war der Ruf ihrer sozialen Verhältnisse. Die Zeitungen berichteten aus den rechtsrheinischen Vororten vornehmlich über Wirtshausschlägereien, Raubüberfälle auf offener Straße und die Verwahrlosung der Proletarierkinder. Und über die Wahlerfolge der Sozialdemokraten und Kommunisten.

Trudes Vater war so einer. Er war rhetorisch begabt und hielt flammende Reden gegen die Ausbeutung der Arbeiterklasse durch die kapitalistische Gesellschaft. Gleichheit und Gerechtigkeit waren für ihn nur im Sozialismus vorstellbar. Er war Arbeiter bei der »Chemischen Kalk«, wurde als die Weltwirtschaftskrise ausbrach arbeitslos und musste fortan stempeln gehen. Die Familie Herr lebte am Existenzminimum. Tutti und ihre Geschwister gingen im Sommer barfuß, Geld für warme Kleidung im Winter gab es nicht. »Das Elend der Arbeiterviertel um die Chemische Fabrik in Köln-Kalk übersteht wohl niemand ohne irgendeinen Schaden«, notierte Trude Herr später.

Das tausendjährige Reich begann für die Familie Herr mit einem Schockerlebnis. Am 30. Januar 1933, dem Tag der Machtergreifung der Nationalsozialisten, mussten Tutti und ihre Geschwister mit ansehen, wie uniformierte SS-Männer in ihre Wohnung eindrangen, die Einrichtung zerschlugen und wie zum Hohn als Abschluss der Gewalttat die Asche aus dem Ofen in die Betten schütteten. Robert Herr verhafteten sie.

Für ihn, den »kommunistischen Schweinehund« begann damit ein unvorstellbarer Leidensweg: Misshandlungen auf dem Polizeirevier, mehrjährige Zuchthausstrafe als Landesverräter, Deportation nach Polen zur Zwangsarbeit in einem Konzentrationslager. 1945 kam er zurück; nach zwölf Jahren Haft war er ein gebrochener Mann.

Trude wuchs ohne Vater auf. Ein normales Familienleben

hat sie nicht kennengelernt. Sie sah, wie die Mutter sich unter schwersten Bedingungen allein mit ihren Kindern durchschlagen musste. Sie wurde ihr Vorbild. Allein, nur auf sich gestellt, wollte das Mädchen seine Ziele erreichen.

Schon in der schlechten Zeit vor 1933 kam Fleisch längst nicht jeden Sonntag auf den Tisch. Aber Trude lernte schon als Kind zu Hause ein anderes unentbehrliches Nahrungsmittel kennen: die Literatur. Der Vater las die Werke von Marx und Engels, der Lieblingsschriftsteller der Mutter war Heinrich Heine, dessen Gedichte sie zum Teil auswendig kannte. Sie sang auch leidenschaftlich gerne, versuchte sich am Küchentisch in Arien aus klassischen und romantischen Opern. Sie müssen in dem sozialen Umfeld der »Insel« wie Melodien aus einer fremden Welt geklungen haben.

Für Trude Herr war die Begeisterung der Mutter für Bücher und Musik die einzige Mitgift, aber eine von unschätzbarem Wert. Es wird berichtet, dass sie schon ihre Lehrer durch die Fähigkeit beeindruckte, einen einmal gelesenen Text fehlerfrei vortragen zu können. Sie entwickelt früh ein Gespür für die unfreiwillige Komik von Alltagssituationen. Wenn sie bei Schulfeiern einen der bei solchen Gelegenheiten unumgänglichen pathetischen Text rezitieren musste, brachen die Zuhörer in schallendes Gelächter aus.

Mit vierzehn ging für Trude die Schulzeit zu Ende. Ihr Abschlussaufsatz hatte nichts Geringeres zum Thema als »Das Leben«. Er schloss mit dem rührend schwülstigen Satz: »Ich werde das Leben so nehmen, wie es ist, und ich hoffe, sein Meister zu sein.« – Als Kind eines Zuchthäuslers hatte sie vor allem die Härten des Lebens kennengelernt, ihr zukünftiges Leben würde sie mithilfe von Eigenschaften meistern, die sie weder den Eltern, noch der Schule verdankte: Energie und Durchsetzungskraft.

Die »Insel« gibt es schon lange nicht mehr. Ihre Häuser

wurden Ende der Zwanzigerjahre nach und nach abgerissen, um Platz für einen neuen Kölner Stadtteil zu schaffen. Es entstand die »Weiße Stadt«, eine von Wilhelm Riphahn entworfene städtische Mustersiedlung für Angestellte und Beamte. Ihre Wohnungen waren für die Arbeiter der »Insel« unerschwinglich. Auf dem Stadtplan von Köln findet man sie heute unter dem Namen Buchforst.

Wie viele Mädchen leben heute in Köln? 11 000 oder mehr? Sie werden ein Wörtchen mitreden, wenn es darum geht, was aus der Stadt in Zukunft wird. Jedenfalls ist es eine schöne Vorstellung, dass ein Nicht-Kölner, wie Heinrich Böll meint, nicht nur an den Dom, an Kölsch und Karneval denkt, wenn er von Köln spricht, sondern auch an Mädchen.

Kleine Orte: Mit dem Fahrrad auf Entdeckungstour

Ich selbst gehöre nicht zu denen, die bei Wind und Wetter mit dem Rad zur Arbeit fahren oder zum Einkaufen. Ich bin ein reiner Schönwetter- und Genussradler und besteige am liebsten das Rad, um eine Stadt zu erkunden und neue Orte kennen zu lernen.

Ich habe elf Orte aufgesucht, die gut mit dem Fahrrad zu erreichen sind. Sie liegen über die Stadt und ihre Vororte verstreut und lassen sich nach Belieben kombinieren. Es sind keine Geheimtipps, aber es sind Orte, die in den gängigen Stadtführern nicht vorkommen und die selbst die Leute oft nicht kennen, die schon lange in Köln leben.

Der Brüsseler Platz

Köln war eine Stadt der schönen Plätze: Kirchplätze, Marktplätze, Aufmarsch- und Promenadeplätze, Plätze zum Flanieren, Debattieren und zum tiefe Blicke tauschen. Dann kam der Krieg, dann kamen die Verkehrsplaner. Sie haben ganze Arbeit geleistet. Heute stehen auf den Plätzen Kölns kaum noch Bäume, dafür Wälder von Verkehrsschildern. Die Plätze sind zu Verkehrskreuzen und zu Verteilerkreisen geworden.

Bis auf ganz wenige Ausnahmen. Eine ist im Schutz der neu-romanischen Fassade von St. Michael der Brüsseler Platz. Er ist belebt, die Maastrichter Straße führt auf ihn zu, die Brüsseler Straße an ihm vorbei, er ist das Herzstück des Belgischen Viertels. Vor Ort oder in unmittelbarer Nähe finden die Anwohner alles, was sie für den Alltag brauchen: eine Bäckerei und eine Metzgerei, eine Apotheke, einen Waschsalon und eine Reinigung, einen Second-Hand-Laden und zwei Goldschmiede, einen Kiosk und einen Supermarkt, mehrere einladende Lokale, ein Telefonhäuschen und einen Taxistand.

Das Leben auf dem Brüsseler Platz spielt sich unter hohen, alten Platanen ab: Mütter mit Kinderwagen, ein junger Vater mit umgebundenem Baby, ein Liebespaar auf den Stühlen vor dem Szenecafé, Taxifahrer beim Picknick auf der Parkbank, Kinder auf dem Klettergerüst des Spielplatzes, der Herr Pfarrer auf dem Weg zum Gottesdienst. Im Frühling säubern die Mitglieder einer Anwohnerinitiative die Beete und pflanzen Blumen nach. Polizei sieht man hier selten. Es soll zu Schlägereien und Taschendiebstählen gekommen sein; ich habe dergleichen nie erlebt.

Es macht die Nachricht die Runde, die Stadt habe die Absicht, den Brüsseler Platz sanieren zu lassen. Irgendein Planungsbüro liefert Entwürfe, dann wird aufgeräumt und übrig bleibt die Reißbrettanmutung eines Mediaparks. Eine schreckliche Vorstellung.

Der Brüsseler Platz ist ein Treffpunkt der Fahrradfahrer. Von allen Seiten führen markierte Wege auf ihn zu.

Der Skulpturen-Park

Wenn Sie erst kürzlich in der Flora waren, es Ihnen im Zoo zu voll ist und sie wissen, dass das Wein-Museum kein Museum, sondern ein Verkaufslager ist, sie aber die Neustadt Nord weiter erkunden wollen, schlage ich Ihnen einen Besuch des Skulpturen-Parks an der Riehler Straße vor. Lassen Sie sich von Verbotsschildern und Verhaltensvorschriften am Eingangstor die Laune nicht verderben, der Rundgang lohnt sich.

Zu verdanken ist der Skulpturen-Park, der 2007 sein zehnjähriges Bestehen feiern konnte, dem Ehepaar Michael und Eleonore Stoffel (deren hochrangige Gemäldesammlung leider nicht in Köln blieb, sondern jetzt zum Bestand der Münchner Pinakothek der Moderne gehört). Die Stadt stellte ein geeignetes Areal an der Zoobrücke zur Verfügung, Sponsoren und eine Gesellschaft der Freunde fördern das Projekt und machen es möglich, dass neben den Skulpturen, die zum festen Ausstellungsbestand gehören, alle paar Jahre im Austausch auch neue Arbeiten gezeigt werden können. Für 2009 ist die fünfte Neuinszenierung vorgesehen.

Als erstes springt die leuchtend rot angestrichene Skulptur aus Stahlträgern des amerikanischen Bildhauers Mark di Suvero »Racine du Naos« von 1996 ins Auge. Insgesamt werden 34 Skulpturen gezeigt, darunter Arbeiten von James Lee Byars (eine vergoldete Bronzekugel in memoriam Sigmund Freud), George Condo (»Monk«, eine Hommage an den Jazzmusiker Thelonious Monk), Barry Flanagan (zwei tanzende Hasen), Leiko Ikemura (ein »Katzenmädchen« auf hoher Säule), Jörg Immendorff (ein Gemälde speiender Mann an Hyde Park Corner), Markus Lüpertz (mit einer schreitenden Bronzefigur), Jorge Pardo (ein Pavillon mit dem Titel »Tomatensuppe«), Ulrich Rückriem (mit einem wuchtigen Granitblock) und Rosemarie Trockel (zwei hängende Atlaszedern mit dem schönen Titel »Der armselige Baum / Die Zuwenignis«).

Per Fahrrad ist der Skulpturen-Park über den Inneren Grüngürtel oder auf dem Weg direkt am Rhein entlang zu erreichen. Der Eintritt ist frei.

Der Geusenfriedhof

Der Geusenfriedhof im Weyertal ist auf dem Stadtplan von Köln ein kleines grünes Rechteck, eine Insel der Ruhe, umgeben von befahrenen Straßen und Häusern, von denen keines zum anderen passt. Die Bezeichnung »Kronjuwel« auf der Tafel neben dem schlichten Eingangstor erscheint mir etwas zu vollmundig, aber ein Besuch des Friedhofs ist sehr zu empfehlen.

»Geusen« nannte man protestantische Einwanderer aus den Niederlanden. Sie, die Fremden und Häretiker, wurden auf »Elendsfriedhöfen« verscharrt, bis ihnen 1576 eine Katholikin weit vor den Toren der Stadt an der Straße nach Kerpen ein Grundstück vermachte, auf dem sie ihre Toten würdig beerdigen konnten. Ab 1829 durften auch Reformierte und Lutheraner Grabstellen auf Melaten erwerben, was die Schließung des Geusenfriedhofs zur Folge hatte.

Ich habe über hundert auf abgeschrägten Sockeln liegende Grabplatten gezählt. Sie stammen zum größten Teil aus dem 17. Jahrhundert, sind mit Familienwappen und frommen Sprüchen (z. B.: »Selig sind die Todten die in dem Herrn sterben.«) geschmückt, Inschriften geben über Namen, Lebensdaten und die Berufe der Verstorbenen Auskunft. Handwerker, auch wohlhabende Künstler, Handelsleute und Rheinschiffer haben hier ihre letzte Ruhestätte gefunden. Keine Kreuze, keine Todesengel aus Marmor oder Alabaster, kein Blumenschmuck, nur Efeu als Bodendecker. Allein eine figürliche Darstellung finde ich: im Halbrelief ein auf einen Stab (oder eine Trompete?) gestützter, gelockter Jüngling, in griechischem Gewand und mit Engelsflügeln. Über ihm in den Stein gehauen der Spruch: »Wiedersehen! Ja, Wiedersehen. Wird das nicht Freude sein.«

Fahrradfahrern empfehle ich, das Wegekreuz an der Lindenstraße in der Nähe der Bushaltestelle »Wiso-Fakultät« anzupeilen. Von hier aus sind es bis zur Südbrücke 3,6 km, bis zum Volksgarten 1,7 km. Radelt man nach Norden, so erreicht man den Aachener Weiher nach 0,4 km und das Rheinufer in Riehl nach 6,6 km. Richtung Osten führt ein Fahrradweg zum Rudolfplatz (1,1 km) und weiter bis zum Hauptbahnhof (1,5 km).

Um zum Geusenfriedhof zu gelangen, nimmt man den Alphons-Silbermann-Weg. Er führt an den Grünanlagen auf der Rückseite der Universität entlang durch die schönste Platanenallee Kölns.

Das Fort X

Heinrich Böll hatte es von seiner Wohnung in der Hülchrather Straße nicht weit bis zum Fort X.In seinem Roman »Gruppenbild mit Dame« lässt sich Leni nach einem Tanzvergnügen »gegen ein Uhr früh ... in einen unweit gelegenen, in einen Park verwandelten Festungsgraben entführen.« Der Graben existiert noch, er gehört zum Fort X, ist heute allerdings für einen in die Literatur eingegangenen Ort reichlich ungepflegt und für nächtliche Liebesabenteuer nicht zu empfehlen.

An der Ecke Hülchrather/Riehler Straße stand das Elternhaus der Lyrikerin Hilde Domin. Nach ihr ist der

Park entlang des Neusser Wall benannt, dessen Mittelpunkt das Fort X bildet.

Nach der Eingliederung der Rheinlande in das preußische Königreich wurde Köln, die friedfertige Stadt der Kirchen und Klöster, 1815 zur Festungsstadt bestimmt. Im Rayon, dem Schussfeld der Kanonen, das unbebaut bleiben musste, um den anrückenden Feind gebührend empfangen zu können, entstanden Befestigungsanlagen (s. auch Seite 100), mächtige, trutzige Gemäuer, denen man im Vergleich zu den Burgen früherer Jahrhunderte wenig Romantisches abgewinnen kann. Das Fort X ist das einzige vollständig erhaltene. Es trägt den Namen von Wilhelm von Hohenzollern, des berüchtigten »Kartätschenprinzen«, auf dessen Befehl 1848 in Berlin das Feuer auf demonstrierende Studenten und Arbeiter eröffnet wurde.

Das vom Grünflächenamt als Depot benutzte Fort fände hier keine Erwähnung, wäre da nicht auf seinem Dach in circa 25 m Höhe ein Rosengarten. Vom »Enyeloppenthor« steigt man hinauf in eine Oase der Ruhe, in der man lesend Stunden ungestört verbringen kann. In den symmetrisch angelegten Beeten wachsen auf verschiedenen Ebenen mehr als 70 Rosensorten. Konrad Adenauer hat nach dem 1. Weltkrieg verhindert, dass das Fort X gesprengt wurde, und er, der Rosenzüchter, hat die Anlage eines Gartens mit seinen Lieblingsblumen durchgesetzt.

»Geschlossen bis 1. Mai.« Warum das so ist, bleibt unverständlich. Wie schön wäre es, könnte man schon im Frühling dort oben auf einer Bank die Sonne genießen. Und sich auf das »Blumenmeer« freuen.

Auf einem verblichenen Schild kann man den Hinweis entziffern: »Radfahren nicht gestattet.« Ich habe ihn nicht beachtet.

Köln muss sich den Vorwurf gefallen lassen, dass die Stadt nicht gerade zuvorkommend mit Bürgern umgeht, die ihre Kunstschätze öffentlich zugänglich machen wollen. Dabei ist es Tradition, dass Kunstliebhaber ihre Sammlungen als Schenkung oder Dauerleihgabe der Stadt überlassen. Das beste Beispiel ist das Wallraf-Richartz-Museum, das den Ruf Kölns als Kunststadt begründet hat. Weniger bekannt ist die Geschichte des Museums für Ostasiatische Kunst.

Es wurde 1913 als erstes Museum seiner Art in Deutschland eröffnet. Gründer waren Adolf Fischer und seine Frau Frieda, also Privatleute, die ihre aus China, Korea und Japan mitgebrachten Preziosen in einem Gebäude am Hansaring ausstellten: Buddhistische Malerei und Holzskulpturen, Japanische Stellschirmmalerei, Farbholzschnitte und Lackkunst. Später konnten die Bestände durch Schenkungen und Leihgaben anderer Mäzene um chinesische Sakralbronzen, Keramik und Kalligraphie ergänzt und erweitert werden.

Die Cafeteria im Museum ist einer meiner Lieblingsorte. Nicht weil dort der Cappuccino oder der Kuchen besonders gut schmecken, sondern wegen der Atmosphäre. Es ist die Ruhe, die der Museumsbau ausstrahlt. Der Entwurf stammt von Kunio Maekawa, einem Schüler von Le Corbusier, seine Ausführung ist sicher eines der besten Beispiele für die Architektur der Klassischen Moderne in Köln. (Das alte Gebäude am Hansaring wurde 1942 bei einem Bombenangriff zerstört und der Neubau erst 1977 fertig gestellt.)

Das Ostasiatische Museum zeigt seine Bestände in wechselnden, thematischen Ausstellungen und lädt regelmäßig zu Veranstaltungen ein. Aber auch, wenn man nicht die Zeit für eine Besichtigung hat, lohnt sich ein kurzer Besuch. Man genießt den schönen Blick über den Aachener Weiher oder hält inne vor dem Meditationsgarten im Zentrum der Anlage. Er ist von dem japanischen Bildhauer Masayuki Nagare gestaltet.

Das Museum liegt an der Universitätsstraße und ist mit dem Fahrrad aus allen Richtungen gut zu erreichen.

Wildpark Dünnwald und der Forstbotanische Garten

Wer mit dem Rad zum Wildpark Dünnwald fahren will, hat mehrere Routen zur Auswahl:

Ich habe die S6 bis Leverkusen Mitte genommen und bin dann an der Dhünn entlang geradelt. In der Cafeteria von Schloss Morsbroich (In den Räumen des Schlosses sind immer wieder lohnende Ausstellungen zu sehen) habe ich Station gemacht und bin dann weiter dem Flusslauf folgend durch den Schwerfenbrander Wald bis kurz vor Nittum gefahren, dann habe ich mir einen Weg zwischen der Waldsiedlung und Schildgen gesucht, habe ein Stück den Dünnwalder Wald durchquert und kam schließlich über den Dünnwalder Mauspfad zum Wildpark.

Schön ist auch die Strecke von der Endstation der Linie 9 durch den Königsforst an Rath / Heumar und Brück vorbei über Dellbrück nach Dünnwald. Beide Routen sind angenehm zu fahren. Es gibt nur ganz leichte Steigungen, man schafft sie bei mittlerer Kondition mühelos.

Der Wildpark wurde 1957 eröffnet. Er hat eine Fläche von circa 25 Hektar, auf der in großen Gehegen 200 Tiere leben: Damhirsche, Wildschweine, Mufflons und eine Herde Wisente, die bekanntlich in der freien Wildbahn ausgestorben sind. In der Mitte des Parks steht eine Schutzhütte mit Informationstafeln.

Von der Endstation der Linie 9 gibt es noch eine andere,

etwas längere, aber auch empfehlenswerte Tour: Man fährt in südlicher Richtung durch die Wahner Heide, durchquert Eil und Porz und kommt dann nach Zündorf. Dort nimmt man die Personenfähre (s. S. 77) nach Weiss, radelt durch die Grünanlagen an Rodenkirchen vorbei und erreicht bald den Forstbotanischen Garten.

Sein Besuch ist ein Muss im Frühsommer, wenn die Rhododendren und Azaleen blühen. Er ist 25 Hektar groß und wurde 1964 auf Betreiben des damaligen Stadtdirektors Hans Berg angelegt, der verhindern wollte, dass durch eine Ausdehnung der Industrieansiedlungen brachliegende Flächen der Bevölkerung als Naherholungsgebiet verloren gehen. Der Garten gliedert sich in einen Felsengarten, in dem Trümmerstücke einer alten Befestigungsanlage in die Gestaltung einbezogen wurden, eine Rhododendron-Schlucht, einen Heidegarten, einen Bambuswald und ein Seerosenbecken. In einem Areal steht eindrucksvoll eine Gruppe von Mammutbäumen.

Der angrenzende Friedenswald zwischen Hahnwald und Bonner Landstraße geht zurück auf die 1980er Jahre. Auf seinem Gelände sind Bäume aus den Ländern gepflanzt, zu denen die Bundesrepublik Deutschland diplomatische Beziehungen hat.

St. Engelbert

Als Dominikus Böhm 1930 seine Entwürfe für den Neubau einer Pfarrkirche am Riehler Gürtel einreichte, stieß sein »Sternkuppel-Projekt« auf Vorbehalte des Generalvikariats. Es drängte den Architekten, »durch Milderung des Neuartigen dem Bauwerk das Befremdliche zu nehmen.« Begründung: Der Entwurf habe eher etwas orientalisches als abendländisches. Böhm gelang es, die Skeptiker zu überzeugen. Heute kann Köln stolz sein auf seinen ersten modernen Kirchenbau. Wegen seiner eigenwilligen Gestaltung hat ihn der Volksmund »Zitronenpresse« getauft.

Auf einen hohen Sockel gestellt, um Platz für Jugendräume, Pfarrsaal und Bücherei zu gewinnen, hat St. Engelbert einen kreisrunden Grundriss mit angesetztem Chor. Die Außenwände werden durch acht schildförmige Segmente gebildet, das metallgedeckte Dach ist weit nach unten gezogen. Der Chor wird durch ein wandhohes Seitenfenster hell erleuchtet, während der Zentralbau im Halbdunkel liegt. Kanzel und die Orgelempore mit weit ausholenden Aufgängen fügen sich stimmig in das strenge architektonische Konzept ein. Bis auf ein Tabernakel in Form einer Laterne und einem mit Meeresgetier verzierten Taufbecken – beide aus rotem Stein gehauen – gibt es in St. Engelbert keine Schmuck- oder Dekorationselemente. Hier – und nicht im Dom – hat Josef Kardinal Frings im kalten Winter 1946 das »Fringsen«, das Beschaffen des Lebensnotwendigen in Zeiten der Not, gerechtfertigt. (Siehe S. 118)

Im Campanile, dem freigestellten Kirchturm, hängen sechs Glocken, von »Johannes« mit 3334 kg bis »Michael« mit 321 kg Gewicht.

Der Riehler Gürtel liegt ein Stück nördlich hinter dem Zoo und ist mit dem Fahrrad entweder vom Rhein aus oder über den Inneren Grüngürtel gut zu erreichen.

Der Japanische Garten im Carl-Duisberg-Park

Der Fahrradweg entlang der Düsseldorfer Straße Richtung Leverkusen führt an Stammheim und Flittard vorbei, zwei Stadtteile, die außer den Rheinwiesen nicht viel zu bieten haben. Auf den letzten Kilometern werden die Hinweise unübersehbar: Man fährt durch Bayer-Land.

Der 220 000 Quadratmeter große Carl-Duisberg-Park ist gepflegt, seine Bäume sind nummeriert. Man kann sich nicht vorstellen, dass hier im Sommer die Leverkusener Grillpartys feiern oder auf dem Rasen Fußball spielen. Selbst Jogger passen nicht so recht ins Bild.

In einem in der vorderen Hälfte von Säulen getragenen Rundtempel sind auf zwei Grab- oder Gedenkplatten die Lebensdaten des Namensgebers und seiner Frau Johanna eingraviert. Sie verbindet die Blüten aus dem Füllhorn einer Statue mit abgestoßener Nase und der Spruch: »Edel sei der Mensch, hülfreich und gut.«

Edel und gut war sicher auch die Absicht, die den Aufsichtsratsvorsitzenden der IG Farben 1912 auf die Idee brachte, im westlichen Teil des Parks einen Japanischen Garten anlegen zu lassen. Er ist nicht groß, gerade mal 15 000 Quadratmeter. Man betritt ihn durch ein Tor, überquert auf einer Brücke einen Teich, in dem Prachtexemplare von Goldkarpfen und Koi schwimmen, folgt einem Bachlauf, der zu einem Wasserfall führt. Etwas erhöht in der Mitte des Gartens steht ein Pavillon, in dem Teezeremonien abgehalten werden könnten. Im Einklang mit exotischen Sträuchern und Bäumen ist der Park bevölkert mit Skulpturen aus Ostasien.

Für den Rückweg eine Empfehlung: das Café Vreiheit in Mülheim gegenüber der Friedenskirche. In der Getränkekarte ist zu lesen: »Steht die Sonne der Kultur erst tief, dann werfen auch Zwerge lange Schatten.« Damit die Sonne der Kultur nicht allzu tief sinkt, stehen in einem Bücherregal Romane von Saul Bellow, Erich Maria Remarque und anderen namhaften Autoren. Gerhard Schröder wird mit dem Ausspruch zitiert: »Ich habe nie gern gelesen.« Kinder müssen sich nicht langweilen, während ihre Eltern Eier von garantiert glücklichen Hühnern essen und dazu Kakao aus fairem Handel trinken: Es gibt Bilderbücher, Spiele

Garten eine Rutsche und bei den Toiletten einen Wickeltisch.

Rodenkirchen

Wer einen Ausflug mit dem Fahrrad nach Rodenkirchen unternehmen will, kann zwischen zwei gleich schönen Routen wählen, um ans Ziel zu gelangen. Entweder er fährt immer am Rhein entlang flussaufwärts, wobei er auf dem linken Flussufer hin und über die Rodenkirchener Autobahnbrücke auf der schäl Sick zurückradeln kann. (Wenn sein sportlicher Elan nach einer Brotzeit am Zielort erschöpft ist, kann er sich auch von der grünen Landungsbrücke aus von einem Bötchen der Kölntourist Personenschifffahrt bis zum Dom zurückbringen lassen.) Wer von einem westlichen Vorort aus startet, kommt von der Jahnwiese oder dem Adenauer-Weiher aus durch den Äußeren Grüngürtel auf schattigen Fahrradwegen nach Rodenkirchen.

Bevor sie sich entscheiden, in welchem der Lokale sie sich stärken wollen, empfiehlt sich ein Besuch von St. Maternus. Die kleine, häufig geschlossene romanische Kirche stammt aus dem 11. Jahrhundert und ist das Wahrzeichen von Rodenkirchen. Beachtlich ist der Tischaltar auf einer Mittelstütze, der vermutlich aus dem Vorgängerbau aus dem 9. Jahrhundert stammt.

Gleich nebenan liegen das Gasthaus »Zum Treppchen« von Anno 1656, zu erkennen an seinen grünen Schlagläden, und das Restaurant »Fährhaus«. Beide haben beheizte Terrassen, und beide offerieren auf ihren Speisekarten deftige, gut bürgerliche Gerichte.

Ein kurzes Stück flussabwärts liegt auf dem Rhein das Hausboot »Alte Liebe«. Es war ursprünglich das Vereinslokal eines Ruderclubs, in dem – man glaubt es kaum – sich Adolf Hitler sportlich betätigt haben soll. Von der Uferstraße kommend, führt der Weg an einer Nische vorbei, in der hinter Gittern blass der heilige Maternus steht, der »Helfer in Wassernot«.

In Wassernot geriet die »Alte Liebe« 1993, als sie von einem Frachtschiff gerammt wurde und fast unterging. Zehn Jahre später, am 16. März 2003, kam es zu einem weiteren Unglück, für das der heilige Maternus allerdings nicht zuständig war: die »Alte Liebe« brannte ab. Vor Weihnachten im selben Jahr wurde sie wiedereröffnet – nach allerhand Auseinandersetzungen mit der städtischen Bürokratie, wie der Inhaber Arno Frank beteuert. Heute sind ihre rot-weiß gestrichenen Wände feuerfest.

Kunst-Station St. Peter

St. Peter ist nur eine von ehemals neunzehn Pfarrkirchen, aber sie ist eine der besonderen Art. 1987 gründete der Jesuitenpater Friedhelm Mennekes die Kunst-Station, seither finden in St. Peter Ausstellungen zeitgenössischer Kunst, Konzerte Neuer Musik, Literaturlesungen, Vorträge und Diskussionsrunden statt.

St. Peter liegt zwar ganz zentral direkt hinter dem Schnütgen-Museum, aber fahrradfreundlich ist die Leonhard-Tietz-Straße und ihre Umgebung nicht. Keine markierten Fahrradwege, keine Allee-Bäume, keine Grünflächen, man radelt an seelenlosen Zweckbauten entlang.

Trotzdem lohnt sich der Abstecher. Als einen seiner letzten Aufträge schuf Peter Paul Rubens 1638, mitten im Dreißigjährigen Krieg, ein Altarbild für St. Peter, die Kirche, in der er getauft wurde und in der sein Vater begraben lag. Es zeigt die Kreuzigung Petri. Dominant der sich vor Schmerz und Verzweiflung aufbäumende Apostel, umringt von fünf Henkersknechten, die versuchen, das Kreuz aufzurichten: Schonungsloser können Todesangst und Brutalität nicht dargestellt werden. Der ursprüngliche, barocke Rahmen ging verloren, so hängt das Bild nur von einer schmalen Leiste gehalten auf einer kahlen Wand in einem kahlen Raum. Sein Eindruck wird dadurch nur verstärkt.

Ein guter Grund für einen Besuch von St. Peter sind auch die Renaissancefenster von 1528–1530. Mir hat es besonders die »Verkündigung« im rechten Seitenschiff angetan. Maria, in einem Buch lesend, wird von einem Engel überrascht, der ihr die frohe Botschaft bringt. Gleich wird sie vom Heiligen Geist empfangen, der schon als Taube über ihr schwebt. Züchtig und gehorsam wird sie Jungfrau bleiben. Kein Mann in Sicht, ihr Bett im Hintergrund bleibt leer.

Eine Station auf dem Kölner Krippenweg (siehe S. 138 ff.) ist das Dreikönigsfenster an der Nordwand. In der Weihnachtszeit wird ein Gerüst errichtet, von dessen Plattform aus man die Anbetung des Christuskindes auf Augenhöhe betrachten und viele Details entdecken kann. So ziert zum Beispiel das kostbare Gefäß, das der Mohrenkönig als Geschenk mitgebracht hat, eine grazile, nackte Frauenfigur, vermutlich eine Venus. Josef, offensichtlich von Zweifeln geplagt, muss ohne Heiligenschein auskommen.

Ob man in Köln per Fahrrad unterwegs ist oder nicht: Es lohnt, sich über die Veranstaltungen der Kunst-Station St. Peter zu informieren.

Schloß Wahn

Schloss Wahn – der Name klingt wie aus einer Oper von Richard Wagner. Aber wenn man den Aufzeichnungen zu seiner Geschichte trauen kann, haben sich keine großen

Tragödien in den Mauern des Schlosses abgespielt. Die aus dem 14. Jahrhundert stammende Wasserburg wurde im 17. Jahrhundert der Familie Schall zu Bell vererbt. Ferdinand Friedrich, ein Graf aus diesem Hause, seines Zeichens Bergischer Landhofmeister, ließ Wahn um 1750 zu einer Dreiflügelanlage umbauen, einer »Maison de campagne« nach französischem Muster, die er als Sommersitz nutzte.

Einer der Repräsentationsräume im Erdgeschoss, der Gartensaal, ist mit Ölgemälden bespannt, die Szenen aus dem bäuerlichen Leben, italienisierende Capricci, antike Tempelruinen, Landschaften und Jagdattribute zeigen – hübsche Genremalerei, ganz im Stil der Zeit. Ein schönes Beispiel für den Geschmack des Adels im Rokoko ist auch das sich anschließende »Chinesische Zimmer«. Hier sind es Gemälde auf Hanfleinwand, die spazierende und musizierende Figuren, auch exotische Vögel und Blumenmotive darstellen. Später, im Stil des Klassizismus, kam das »Pompejanische Zimmer« mit historisierenden Freskomalereien hinzu.

Schloss Wahn ist seit 1820 im Besitz der Familie von Eltz-Rübenach. Als Baudenkmal ist es geschützt vor zweckdienlichen Umbauten. In den Obergeschossen ist die von Carl Niessen begründete theaterwissenschaftliche Sammlung untergebracht. Die Räume des Haupthauses werden von der Mieterin, der Kölner Universität, für Ausstellungen, Konzerte und akademische Veranstaltungen genutzt.

Die Öffnungszeiten werden Montag bis Freitag mit 10.00 bis 16.30 Uhr angegeben (an Feiertagen und im August geschlossen). Es empfiehlt sich jedoch, dass man sich unter der Telefonnummer 02 203 / 600 920 zum Besuch anmeldet.

Wahn, 16 Kilometer von der Innenstadt entfernt, ist mit dem Fahrrad über die Routen 8 und 9 zu erreichen. Wer will, radelt weiter Richtung Wahnerheide. Weniger Sportliche nehmen die S 12 oder S 13 zurück nach Köln.

Nachwort oder
Von der Wahrheit des Gegenteils

Lieber Thomas,

hast Du die Koffer schon gepackt? Köln erwartet Dich!

Herzlichen Glückwunsch zu Deiner Wohnung in der Trajanstraße mit Blick auf den Römerpark. Die Lage in der Südstadt ist ideal. Wenn Ihr Euch eingerichtet habt, werde ich Euch öfter mal zu einem kleinen Ausflug abholen. Der Rhein ist das Schönste, was Köln zu bieten hat, und bis zu ihm sind es nur ein paar Schritte. Auf Spaziergängen werde ich Dir die Urheber der kurzen, schrillen Schreie zeigen, die in Grünanlagen und Gärten aus dem Geäst hoher Bäume dringen. Es sind Sittiche, Halsband- oder Alexandersittiche, die immerhin etwa so groß wie Elstern und mit ihrem grünen Gefieder im Grün der Blätter fast unsichtbar sind. Plötzlich schießen sie hervor, paarweise oder in kleinen Schwärmen, und schon sind sie wieder in den Wipfeln der nächsten Baumgruppe verschwunden. Angeblich sind einige von ihnen vor fast 40 Jahren aus einer Voliere des Zoologischen Gartens entkommen, und man war sicher, dass die aus Afrika und Asien stammenden Exoten den Frost des nächsten Winters in freier Natur nicht überleben würden.

Aber die »grünen Papageien« trotzen der Kälte und vermehren sich, dringen in die Reviere der anderen Stadtvögel vor und werden bestaunt.

Vielleicht können wir dann herausfinden, von was sich die Sittiche ernähren. Nie habe ich sie wie Elstern oder Krähen die Wiesen nach Futter absuchen, nie habe ich sie wie die Tauben auf die Brottüten alter Damen warten sehen. Dass sie die Eier von Singvögeln fressen, halte ich für ein Märchen. Allabendlich versammeln sie sich auf ein paar hohen frei stehenden Bäumen inmitten der »Rieler Heimstätten«. Man hat versucht, sie zu zählen, und ist auf über 1000 Exemplare gekommen. Mir gefällt, dass sie sich gerade das multikulturelle Köln als Wohnort ausgesucht haben.

Du ziehst in ein geschichtsträchtiges Viertel. Ganz in der Nähe Deiner Wohnung in der Teutoburgerstraße, Ecke Alteburgerstraße, wurde Böll geboren, im ehemaligen Fort I hat er als Kind gespielt. Wenn Du mich besuchen willst, kommst Du durch die Vondelstraße. Da hatte Bölls Vater eine Schreinerei, deren »Geruch von Leim, Schellack und Beize« für den jungen Heinrich zu einer seiner ersten bleibenden Erinnerungen wurde. Auf dem Heimweg kannst Du dann am Chlodwigplatz in seiner Lieblingskneipe, die damals »Hermann's Weinbrandschänke« hieß, noch ein Kölsch trinken.

Gleich nebenan ist das Haus Trajanstraße 10 in doppelter Hinsicht in die Literatur eingegangen: Zum einem lebten dort durch Zufall unter einem Dach Irmgard Keun und Albrecht Fabri, aber Dieter Wellershoff hat es auch in »Der Liebeswunsch« als Vorlage für ein Apartmenthaus genommen, das er als »grauen Kasten« beschreibt »mit kleinen Balkonen an der Vorderfront, die wie herausgezogene Schubladen aussehen«. Dies nur als kurze Einführung in Deine unmittelbare Umgebung.

Aber lies erst einmal zur Einstimmung das eine oder andere Kapitel meiner »Gebrauchsanweisung«. Keines erhebt Anspruch auf Vollständigkeit. Wie Du weißt, bin ich kein Stadthistoriker, und es war auch nicht meine Absicht, den wirklich guten Stadtführern Konkurrenz zu machen. Ich habe versucht, einen ganz subjektiven Zugang zu der Stadt zu finden, in der ich lebe und – das wirst Du bei der Lektüre spüren – auch gerne lebe.

Ich bin gespannt, wie es Dir in Köln ergehen wird. Es ist merkwürdig: Kaum hat man eine Eigenart der Stadt entdeckt, schon muss man feststellen, das auch das Gegenteil gilt. Der schlaue Tünnes und der doofe Schäl – beide sind urkölner Gestalten, beiden wirst Du in Köln in vielerlei Verkleidung auf Schritt und Tritt begegnen. »Köln ist ganz schön hässlich!«, stöhnte neulich Frau Schmitz, meine Gemüsefrau. Oder um es etwas gewählter in den Worten von Hans Mayer zu sagen: »Köln ist immer beides gewesen: These wie Antithese … Die Gleichzeitigkeit der Gegensätze ist immer das Kölner Lebensgesetz gewesen.« – Dies nur, damit Du weißt, auf was Du Dich eingelassen hast.

Was man über Köln alles lesen kann

Detlev Arens / Marianne Bongartz / Stephanie Henseler: Köln, Köln: DuMont Reise-Taschenbuch, 2004

»Arsch huh – Zäng ussenander!« – Kölner gegen Rassismus und Neonazis, Köln: Kiepenheuer & Witsch, 1992

Zvi Asaria (Hrsg.): Die Juden in Köln – Von den ältesten Zeiten bis zur Gegenwart, Köln: J. B. Bachem, 1959

Ansgar Bach: Literarisches Köln – 80 Autoren, Wohnorte, Wirken und Werke, Berlin: Verlag Jena 1800, 2002

Jürgen Becker: Ränder, Frankfurt a. M.: Suhrkamp, 1969

Jürgen Becker: Felder, Frankfurt a. M.: Suhrkamp, 1983

Jürgen Becker / Martin Stankowski: Biotop für Bekloppte – Ein Lesebuch für Imis und Heimathirsche, Köln: Kiepenheuer & Witsch, 1995

Barbara Becker-Jákli (Hrsg.): Ich habe Köln doch so geliebt – Lebensgeschichten jüdischer Kölnerinnen und Kölner, Köln: Emons, 2002

Konrad Beikircher: »Et kütt wie't kütt« – Das rheinische Grundgesetz, Köln: Kiepenheuer & Witsch, 2001

Hans Bender: Ich erzähle, ich erinnerte mich, Köln: Bouvier, 2000

Peter Berger / Axel Spilcker: Der Skandal – Der Müll, die Stadt und die Spenden, Köln: DuMont Literatur und Kunst, 2003

Victor Böll (Hrsg.): Heinrich Böll und Köln, Köln: Kiepenheuer & Witsch, 1994
Marianne Bongartz / Stephanie Henseler: Köln, Köln: DuMont, 2004
Tobias Bungter: »Sackjeseech!« – Das andere kölsche Wörterbuch, Köln: Kiepenheuer & Witsch, 2002
Hermann Claasen: Nie wieder Krieg! – Bilder aus dem zerstörten Köln, Köln: Wienand, 1994
Ayhan Demirci: Melaten – Mythos und Legenden – Der berühmte Kölner Friedhof in Geschichten und Anekdoten, Köln: Wienand, 1996
Walter Dick / Dieter Wellershoff: Köln – Stadt im Aufbruch, Köln: Kiepenheuer & Witsch, 2002
Carl Dietmar: Kölner Mythen oder wie Legenden entstehen, Köln: J. P. Bachem, 1999
Willehad Paul Eckert: Köln – Stadt am Rhein zwischen Tradition und Fortschritt, Köln: DuMont Kunst-Reiseführer, 1992
Förderverein Romanische Kirchen Köln e.V. (Hrsg.): Romanik in Köln – Eine Anthologie über die Kirchen, Köln: Greven, 2001
Otto H. Förster: Kölner Kunstsammler – Vom Mittelalter bis zum Ende des bürgerlichen Zeitalters, Berlin: de Gruyter, 1931
Irene Franken / Ina Hoerner: Hexen – Verfolgung von Frauen in Köln, Köln: Emons, 2000
Peter Glasner: Die Lesbarkeit der Stadt, 2 Bde. Bd. 1: Kulturgeschichte der mittelalterlichen Straßennamen Kölns; Bd. 2: Lexikon der mittelalterlichen Straßennamen Kölns, Köln: DuMont Literatur und Kunst, 2002
Peter Härtling: Leben lernen – Erinnerungen, Köln: Kiepenheuer & Witsch, 2003
Wulf Herzogenrath / Gabriele Lueg (Hrsg.): Die 60er Jahre – Kölns Weg zur Kunstmetropole – Vom Happening zum Kunstmarkt, Köln: Katalog der Ausstellung des Kölnischen Kunstvereins, 31.8.–16.11.1986, 1986
Inge Hoberg: Der Dom so nah und doch so fern – Das Leben eines Mädchens im Versteck und auf der Flucht, Köln: Emons, 1998

Marie Hüllenkremer (Hrsg.): Kunst in Köln, Köln: Kiepenheuer & Witsch, 1987
Bernd Imgrund: 111 Kölner Orte, die man gesehen haben muss, Köln: Emons, 2008
Carl Oskar Jatho: Eine Stadt von Welt – Köln vordem und hernach, Köln: Kiepenheuer & Witsch, 1958
Jean Jülich: Kohldampf, Knast und Kamelle – Ein Edelweißpirat erzählt sein Leben, Köln: Kiepenheuer & Witsch, 2003
Ute Kaltwasser: Der Kölner Dom wie ihn keiner kennt, Köln: DuMont Literatur und Kunst, 2002
Irmgard Keun: Gilgi – eine von uns, Roman, München: List, 2002
Irmgard Keun: Wenn wir alle gut wären, Köln: Kiepenheuer & Witsch, 1993
Hiltrud Kier: Die großen romanischen Kirchen, Köln: Wienand, 1997
Hiltrud Kier: Reclams Städteführer Köln – Architektur und Kunst, Stuttgart: Reclam 2008
Everhard Kleinertz (Hrsg.): Das Kölner Autoren Lexikon 1750–2000, 2 Bde., Köln: Emons, 2000
Hubert Kruppa: Deutz – Ein Kölner Stadtteil mit großer Geschichte, Köln: J. P. Bachem, 2001
Steffi Machnik: Kölnpfad – Der Kölner Rundwanderweg, Köln: Bachem Verlag, 2008
Renate Matthaei: Matronen, heilige Jungfrauen und wilde Weiber – Zur Geschichte der Kölner Weiberfastnacht, Köln: Landpresse, 2001
Martin Oehlen: Museen in Köln – Museumsführer Köln, Köln: DuMont Literatur und Kunst, 2004
Helga Resch: Der Karnevalsknigge – Feiern wie die echten Kölschen, Köln: Kiepenheuer & Witsch, 2003
Reiner Rübhausen: Stunksitzung, Köln: Kiepenheuer & Witsch, 2003
Werner Schäfke: Köln – Zwei Jahrtausende Geschichte, Kunst und Kultur der rheinischen Metropole, Köln: DuMont Kunst-Reiseführer, 2003
Paul Schallück: Don Quichotte in Köln, Roman, Frankfurt a. M.: S. Fischer, 1967

Frank Schätzing: Tod und Teufel – Ein Köln-Krimi, Köln: Emons, 1999
Jochen Schimmang (Hrsg.): Köln. Blicke. Ein Lesebuch, Köln: DuMont, 1998
Gérard Schmidt: Niemals geht man so ganz – Trude Herr, ihr Leben, Bergisch-Gladbach: Bastei-Lübbe, 1991
Kirsten Serup-Bilfeldt: Stolpersteine – Vergessene Namen, verwehte Spuren – Wegweiser zu Kölner Schicksalen in der NS-Zeit, Köln: Kiepenheuer & Witsch, 2003
Franz Sommerfeld (Hrsg.): Der Moscheestreit – Eine exemplarische Debatte über Einwanderung und Integration, Köln: Kiepenheuer & Witsch, 2008
Martin Stankowski: Darum ist es am Rhein so schön. Vom Kölner Dom zur Loreley, Köln: Kiepenheuer & Witsch, 2009
Martin Stankowski: Köln – Der andere Stadtführer, Köln: Kiepenheuer & Witsch, 2003
Martin Stankowski / Ensebius Wirdeier: Brüsseler Platz, Köln: Prima Print, 1994
Fritz Theilen: Edelweißpiraten, Köln: Emons, 2003
Dieter Wellershoff: Pan und die Engel – Ansichten von Köln, Köln: Kiepenheuer & Witsch, 1990
Dorothea Wiktorin u. a. (Hrsg.): Köln – Der historisch-topographische Atlas, Köln: Emons, 2001
Stefan Worring / Elke Heidenreich: Köln – Bilder und Geschichten, Köln: Kiepenheuer & Witsch, 2001

Textnachweise

S. 15: Ricarda Huch: »Köln«, aus: Lebensbilder deutscher Städte, in: Jochen Schimmang (Hrsg.): Köln. Blicke. Ein Lesebuch, Köln: DuMont, 1998, S. 110 und 122.

S. 23, 196: Hans Mayer: Weihrauchduft und Rebellion: die zwei Gesichter der Rheinmetropole, Erstdruck in: MERIAN Köln, Jg. 1, Heft 7, Juli 1988.

S. 25: Irmgard Keun: Gilgi – eine von uns, Roman, München: List, 2002, S. 8.

S. 26: Schilderung von Napoleon im Elendsquartier, aus: Carl Dietmar: Kölner Mythen oder wie Legenden entstehen. Köln: J. P. Bachem, 1999, S. 68.

S. 141: Joseph Caspar Witsch, Rede auf dem 204. Kölner Mittwochsgespräch, 30. März 1955, WDR-Mitschnitt im Privatbesitz des Autors.

S. 142 f., 151 f.: Jürgen Becker in einem Brief an den Autor vom November 2003.

S. 144: Dieter Wellershoff: Ein Gefühl von Überfluß, in: Wulf Herzogenrath (Hrsg.): Die 60er Jahre. Kölns Weg zur Kunstmetropole. Vom Happening zum Kunstmarkt, Köln: Henke, 1986, S. 498.

S. 145 f.: Heinrich Böll: Heimat und keine, in: Essayistische Schriften und Reden, Bd. 2: 1964–1972, hrsg. von Bernd Balzer, Köln: Kiepenheuer & Witsch, 1979, S. 113.

S. 146: Dieter Wellershoff: Wiederherstellung der Fremdheit, in: ders.: Literatur und Veränderung. Versuche zu einer Metakritik der Literatur, Köln: Kiepenheuer & Witsch, 1969, S. 86.

S. 149: Peter Härtling: Leben lernen – Erinnerungen, Köln: Kiepenheuer & Witsch, 2003, S. 225 .

S. 155: Rolf Dieter Brinkmann: Notiz, Vorwort zu dem Gedichtband: Die Piloten. Neue Gedichte, Köln: Kiepenheuer & Witsch, 1968, S. 7.

S. 156: Peter Glaser (Hrsg.): Rawums. Texte zum Thema, Köln: Kiepenheuer & Witsch, 1984, S. 9.

S. 157: Günter Wallraff / Erasmus Schöfer: Verlautbarung zur Gründung des Werkkreises Literatur der Arbeitswelt, zitiert nach Enno Stahl: Bausteine zu einer Kölner Literaturgeschichte, in: Das Kölner Autoren-Lexikon, Bd. 2: 1901–2000, Köln: Emons, 2002, S. 337.

Personen- und Namensregister